Rosa Koire

DERRIÈRE LE MASQUE VERT
L'agenda 21 démasqué

Rosa Koire
(1956-2021)

DERRIÈRE LE MASQUE VERT
L'agenda 21 démasqué

Behind the green mask – UN agenda 21, The post
Sustainability Press – 2011

Traduit de l'américain et publié par
Le Retour aux Sources

www.leretourauxsources.com

© Le Retour aux Sources — 2021

Dédié à la mémoire de
ESTELLE W. KOIRE
Son courage de dire la vérité
"S'efforcer, chercher, trouver, et ne pas céder".

Pour Naboo

L'INSTITUT DE POST-DURABILITÉ

Notre mission

L e Post Sustainability Institute a été créé pour étudier les impacts de l'Agenda 21 des Nations Unies, du développement durable et du communautarisme sur la liberté. Notre intention est de suivre la progression du mouvement pour la durabilité et de prévoir les résultats les plus probables s'il se poursuit sans contrôle.

Nous sommes un groupe de réflexion non partisan et non gouvernemental basé aux États-Unis. Nous avons l'intention de fournir un centre d'information sur les alliances des Nations Unies avec des groupes non gouvernementaux et gouvernementaux qui cherchent à ériger le communautarisme en forme dominante de gouvernance mondiale, et de servir de point de ralliement pour ceux qui s'opposent au démantèlement de la liberté. Votre participation et votre aide sont les bienvenues.

Post-durabilité : l'état des systèmes environnementaux, politiques, sociaux et économiques après l'imposition du communautarisme/communisme.

ROSA KOIRE

Rosa Koire était la directrice exécutive du Post Sustainability Institute. Experte en évaluation de biens immobiliers commerciaux et spécialiste dans l'estimation des domaines haut de gamme. Ses vingt-huit années de carrière en tant que témoin expert sur l'utilisation des terres et la valeur des propriétés ont abouti à la mise en évidence des impacts du développement durable sur les droits de propriété privée et la liberté individuelle.

En 2005, elle a été élue membre d'un comité de surveillance des citoyens à Santa Rosa, en Californie du Nord, pour examiner un projet de redéveloppement de 1 300 acres dans lequel 10 000 personnes vivent et travaillent. Ses recherches sur les documents justifiant les plans l'ont amenée, avec son partenaire Kay Tokerud, à contester les bases frauduleuses de l'énorme projet de réaménagement de Gateways. La ville, dans le but d'empêcher Koire de dénoncer le projet, a retiré de la zone de redéveloppement le quartier dans lequel se trouvaient les propriétés de Koire et Tokerud.

Koire et Tokerud se sont cependant battus, ne voulant pas abandonner les milliers d'entreprises et de propriétaires encore présents dans la zone. Ils ont formé une association d'entrepreneurs et de propriétaires et une organisation à but non lucratif (Concerned Citizens of Santa Rosa Against Redevelopment Law Abuse) et ont réussi à réunir près de 500 000 dollars en dons et en travail juridique bénévole pour poursuivre la ville de Santa Rosa afin d'arrêter le projet. L'action en justice, *Tokerud contre la ville de Santa Rosa*, a été rejetée par la Cour suprême, mais le tribunal a décidé qu'ils pouvaient continuer, et ils ont fait appel devant la Cour d'appel du premier district de San Francisco, où ils ont de nouveau perdu en 2009. Les trois années de litige contre l'expropriation et le projet de réaménagement ont permis de retarder le projet pendant que l'économie s'effondrait. La ville n'a pas mis en œuvre ses plans, mais elle dispose toujours du pouvoir d'expropriation sur la zone de 1 100 acres.

Au cours de l'action en justice, Koire a pris conscience de la source de la révolution de la planification qu'elle avait observée pendant plus de dix ans : l'Agenda 21 de l'ONU. Grâce à ses recherches, elle a découvert qu'une grande partie du financement et du pouvoir de mise en œuvre des programmes locaux d'aménagement du territoire de l'Agenda 21/du développement durable provient du détournement des taxes foncières vers les agences de réaménagement.

Son travail, qui consiste à fournir des informations et des solutions aux citoyens luttant contre l'Agenda 21 de l'ONU, s'est répandu dans tout le pays et dans le monde entier, car de plus en plus de personnes prennent conscience des restrictions accrues de leurs droits de propriété et des méthodes utilisées pour mettre en œuvre l'ingénierie sociale.

Par le biais de son site web, democratsagainstunagenda21.com, et de son organisation tactique de base, Santa Rosa Neighborhood Coalition, elle a, avec d'autres leaders, permis à des militants de nombreuses questions apparemment sans lien entre elles de se réunir et de combattre la source : Agenda 21 de l'ONU/Développement durable.

En 2010, l'organisation à but non lucratif qu'elle a fondée avec son partenaire a vu sa portée élargie et a été rebaptisée The Post Sustainability Institute.

Rosa Koire, ASA California Certified General Real Estate Appraiser Accredited Senior Appraiser, American Society of Appraisers District Branch Chief, California Dept. of Transportation Bachelor of Arts, English, UCLA

PRÉFACE

L e bras de l'Agenda 21 de l'ONU est long et s'étend à toutes les régions du monde. La philosophie du communautarisme est omniprésente dans ce plan. Vouloir que le gouvernement serve la population en fournissant des services, des infrastructures et une protection n'est pas contradictoire avec le fait de s'opposer à l'imposition de restrictions qui brisent le cœur et le porte-monnaie des propriétaires.

Le communautarisme établit un "équilibre" entre les droits de l'individu et les soi-disant droits de la communauté. Les droits de la communauté n'étant pas définis dans une constitution, ils peuvent changer sans avertissement ni préavis ; les droits de l'individu sont mis en balance avec un règlement amorphe constamment redéfini. Ce règlement est écrit dans l'obscurité et l'individu s'y heurte à l'aube, et seul.

Le slogan de l'Agenda 21 des Nations Unies, qui *vise à protéger les droits des générations futures et de toutes les espèces contre les crimes potentiels du présent*, est à la fois un écran de fumée et une déclaration de droits. En s'appuyant sur ce principe noble, les droits de l'individu sont qualifiés d'égoïstes et ceux qui se battent pour les défendre sont taxés d'immoraux. La philosophie selon laquelle le simple fait de vivre et d'expirer constitue un danger direct pour la terre est autodestructrice et véritablement dommageable pour les terres dont nous sommes les intendants.

Le masque vert doit être arraché du visage lointain des personnalités : les petits dictateurs qui dirigent les trusts, les fondations, les services de planification, les conseils municipaux, les provinces et les États, les fondations non gouvernementales, etc. Le masque vert doit être retiré de ceux qui ont détourné le mouvement environnemental. Derrière l'argent vert, les plus de cinq mille milliards de dollars d'argent privé servant à contracter des prêts verts, les courtiers en crédits carbone, l'énorme richesse que représente l'achat de décharges, de "quota de carbone", de terres inaccessibles dans les pays du tiers monde, derrière cette avidité à laquelle on pourrait s'attendre, soulevez le masque pour voir qui se dissimule derrière. Voyez ce que les personnes intelligentes et éduquées du monde entier découvrent : il existe un plan de gouvernance mondiale qui est en place et qui ronge comme un cancer métastasé chaque nation de par le monde.

Sous la bannière de la sauvegarde de la planète, nous noyons la liberté. Sous le masque du vert, nos libertés civiles sont restreintes, limitées et étouffées dans chaque village et hameau. Le plan est imposé localement, mais son objectif est au service du mondialisme...

Votre gouvernement est une *corporatocratie*, un nouvel état autoritaire en train de consolider votre production dans un canal plus contrôlable et exploitable. La raison pour laquelle votre gouvernement vous trompe et vous dit que tout cela est bon pour vous, est qu'il n'y a pas de profit à gérer un soulèvement de masse. C'est trop perturbateur. Les marchés veulent que vous continuiez à coopérer… tranquillement et docilement.

La technologie qui vous est proposée est en fait utilisée pour vous conditionner à vous attendre à être espionné, et à espionner les autres.

Tous les États totalitaires de l'histoire se sont appuyés sur la collecte de données. Les nazis étaient les maîtres de la collecte et de l'analyse des données. Votre gouvernement dispose maintenant de capacités technologiques qui dépassent de loin tout ce qui a été vu sur la planète à ce jour. Vous êtes au milieu de la plus grande arnaque de relations publiques de l'histoire du monde. La jolie vision pastel de la vie dans un développement Smart Growth est une manipulation, un masque. En fait, ces plans sont conçus pour restreindre votre liberté.

La prise de conscience est la première étape de la Résistance.

L'individu et le collectif

Le communautarisme consiste à mettre en balance les droits de l'individu et ceux de la communauté. La Constitution américaine nous garantit des droits avec lesquels nous sommes nés : la vie, la liberté et la poursuite du bonheur. Le dernier droit, selon la philosophie de John Locke, est la "propriété". La propriété n'est pas seulement une terre. VOUS êtes votre propre propriété. L'abolition de l'esclavage était un élément fondamental de la version originale de la Déclaration d'indépendance.

Alors comment pouvez-vous "équilibrer" les droits individuels avec ceux de la communauté ? La communauté n'a aucun droit selon la Constitution américaine.

Les individus ont des droits et des responsabilités, mais la communauté dans son ensemble — qu'est-ce que c'est ? Le collectif ? Chaque fois que vous "équilibrez" ou que vous submergez ou subordonnez ou consensualisez les droits de l'individu, vous obtenez quelque chose de différent de ce que nous garantit la Constitution.

Voici un exemple :

Prenons deux verres et posons-les sur une table.

Un verre est plein d'eau. Appelons ça une République constitutionnelle.

L'autre verre est plein de lait. Appelons ça un État communautaire.

Maintenant, nous allons prendre un pichet en verre et le poser sur la table.

Mélangeons l'eau et le lait en les versant tous les deux dans le pichet. Qu'est-ce qu'on obtient ?

Ce n'est plus de l'eau, n'est-ce pas ? C'est du lait. Du lait aqueux. Mais du lait. Pas de l'eau.

La troisième voie.

Le communautarisme : Trouver un équilibre entre vos droits individuels et les "droits de la communauté". Définis maintenant comme la "communauté globale". On vous présente cela comme la nouvelle forme éclairée du discours politique.

Vous êtes "égoïste" si vous insistez sur vos droits et libertés individuels.

C'est la justification de l'Agenda 21 des Nations Unies/Développement durable.

Pour le bien de la planète. Pour la sécurité de tous. Pour votre santé.

Pour protéger vos enfants. Pour limiter la violence au travail. Pour mettre fin aux brimades.

Pour protéger les "droits" des personnes à venir.

Toutes ces idées sont louables mais, d'une manière ou d'une autre, elles aboutissent toujours à des lois plus restrictives qui affectent tout le monde. Elles criminalisent tout le monde. Dans de nombreuses villes, les simples ordonnances ont été criminalisées.

Qu'est-ce que ça veut dire ? Si vous ne tondez pas votre pelouse, c'est une violation.

Votre enfant aura-t-il un casier judiciaire s'il traite un autre enfant de "pédé" ? Serez-vous tenu responsable si votre employé tire sur quelqu'un alors que vous saviez qu'il était bouleversé par une rupture avec sa femme ?

Votre fille de 15 ans sera-t-elle fouillée à nue à l'aéroport ? Allez-vous perdre la garde de votre enfant de 10 ans parce qu'il est obèse ?

Serez-vous expulsé de votre appartement parce que vous avez fumé sur votre balcon en violation d'une ordonnance locale ? Serez-vous taxé pour avoir parcouru 15 miles pour vous rendre au travail au lieu de prendre votre vélo ? Allez-vous recevoir une amende pour avoir arrosé votre potager ? Votre compteur intelligent sera-t-il utilisé pour dire aux publicitaires ce qu'ils doivent vous vendre ? Votre véhicule intelligent, doté d'une fonction d'arrêt à distance, sera-t-il arrêté par quelqu'un dans la capitale de votre État pendant que vous êtes au volant ?

Votre voisin vous dénoncera-t-il à l'unité de police orientée vers la communauté de votre service de police local parce que vous semblez agir bizarrement ? Allez-vous vous voir refuser le droit d'utiliser l'eau de votre puits ? Devrez-vous payer le triple de vos tarifs d'électricité initiaux parce que votre ville a décidé de se lancer dans la production d'électricité (Community Aggregate Power Generation) ? Devrez-vous faire don d'hectares de votre ranch à l'espace ouvert du comté avant de pouvoir y construire une maison ? Allez-vous payer des années d'impôts fonciers sans recevoir aucun service en contrepartie parce que la dette de redéveloppement a paralysé votre ville ? Devrez-vous faire votre bénévolat obligatoire avant de pouvoir inscrire votre enfant à la Little League ?

Serez-vous accusé de ne pas vous soucier de la planète si vous remettez en cause le développement durable ?

Vos droits ont été éliminés. Bienvenue dans le nouvel ordre mondial du XXIe siècle.

En plus du refus de votre demande de permis de construire, nous avons l'intention de confisquer vos biens au nom du bien commun !!!

OK, QU'EST-CE QUE L'AGENDA 21 DES NATIONS UNIES ET POURQUOI DEVRAIS-JE M'EN SOUCIER ?

Vous êtes-vous demandé d'où venaient les termes "durabilité", "croissance intelligente" et "développement urbain à haute densité et à usage mixte" ? N'avez-vous pas l'impression qu'il y a une dizaine d'années, vous n'en aviez jamais entendu parler et qu'aujourd'hui, tout semble inclure ces mots à la mode ? Est-ce juste une coïncidence ? Que toutes les villes, tous les comtés, tous les États et toutes les nations du monde modifient leurs codes d'aménagement du territoire et leurs politiques gouvernementales pour s'aligner sur... quoi ?

Tout d'abord, avant de commencer, je tiens à dire que oui, je sais que le monde est vraiment petit et que nous sommes tous sur la même planète, etc. Je sais aussi que nous avons un gouvernement du peuple, par le peuple et pour le peuple, et qu'aussi lourd que cela puisse être parfois (Donald Rumsfeld a dit que les Chinois avaient la vie facile ; ils n'ont pas besoin de demander à leur peuple s'il est d'accord. Et Bush Junior a dit que ce serait formidable d'avoir un dictateur tant qu'il était lui-même ce dictateur), nous avons un gouvernement à trois branches et la Déclaration des droits, la Constitution et l'autodétermination. C'est l'une des raisons pour lesquelles les gens veulent venir aux États-Unis, non ? Nous n'avons pas la place Tiananmen ici, en général (oui, je me souviens de Kent State — ce n'est pas la même chose, et oui, c'est un scandale). Je ne suis donc pas contre le fait de faire de certaines questions une priorité, comme l'utilisation consciente de l'énergie, le parrainage d'énergies alternatives, le recyclage/la réutilisation et la sensibilité à toutes les créatures vivantes.

Mais il y a aussi l'Agenda 21 de l'ONU. Qu'est-ce que c'est ?

Étant donné que ses politiques sont intégrées dans tous les plans généraux des villes et des comtés des États-Unis, il est important que les gens sachent d'où viennent ces politiques. Si beaucoup soutiennent les Nations Unies pour leurs efforts de rétablissement de la paix, peu savent qu'elles ont des politiques d'aménagement du territoire très spécifiques qu'elles souhaitent voir mises en œuvre dans chaque ville, comté, État et nation. Ce plan spécifique est appelé Agenda 21 des Nations Unies pour le développement durable, qui repose sur le communautarisme. Aujourd'hui, la plupart des Américains ont entendu parler du développement durable, mais ignorent en grande partie l'Agenda 21, l'agenda du XXIe siècle.

En résumé, ce plan prévoit que les gouvernements prennent le contrôle de l'utilisation des terres et ne laissent aucune décision aux propriétaires privés. Il part du principe que les gens ne sont pas de bons gestionnaires de leurs terres et que le gouvernement fera un meilleur travail s'il est aux commandes.

Les droits individuels en général doivent céder la place aux besoins des communautés tels que déterminés par un organe directeur mondialiste. En outre, les gens doivent être rassemblés et entassés dans des établissements humains ou des îles d'habitation humaine, comme on les appelle dans les documents de l'Agenda 21 de l'ONU, à proximité des centres d'emploi et des transports. Un autre programme, appelé Wildlands Project, explique comment la plupart des terres doivent être réservées aux non-humains. En prévision de nos objections à ces plans, nos droits civils seront dissous.

L'Agenda 21 de l'ONU cite la richesse des Américains comme étant un problème majeur qui doit être corrigé. Il préconise d'abaisser le niveau de vie des Américains pour que les habitants des pays plus pauvres aient davantage ; c'est une redistribution des richesses. Bien que les gens du monde entier aspirent à atteindre les niveaux de prospérité que nous avons dans notre pays, et qu'ils risquent leur vie pour y parvenir, les Américains sont présentés sous un jour très négatif et seront ramenés à une condition plus proche de la moyenne mondiale. Ce n'est qu'alors qu'il y aura une justice sociale, qui est une pierre angulaire du plan Agenda 21 des Nations unies.

Les politiques de l'Agenda 21 de l'ONU remontent aux années 1970, mais elles ont véritablement démarré en 1992 lors du Sommet de la Terre des Nations unies à Rio de Janeiro, lorsque le président Bush y a adhéré avec les dirigeants de 178 autres pays. Comme il s'agit d'une "soft law", elle n'a pas dû être ratifiée par le Congrès. L'année suivante, le président Clinton a commencé à la mettre en œuvre en créant le Conseil présidentiel sur le développement durable (PCSD). Composé de membres du gouvernement, de capitaines d'industrie (dont Ken Lay d'Enron) et de groupes à but non lucratif tels que le Sierra Club, l'une des premières tâches du PCSD a été d'accorder une subvention de plusieurs millions de dollars à l'American Planning Association pour qu'elle conçoive un guide législatif destiné à être utilisé comme modèle par chaque ville, comté et État des États-Unis pour la mise en œuvre de l'Agenda 21 des Nations unies. Ce document, intitulé *Growing Smart Legislative Guidebook* : *Model Statutes for Planning and the Management of Change*, a nécessité sept ans de travail, et neuf années complètes pour arriver à la version finale. Le guide, et ce n'est pas seulement un guide mais un plan, contient des exemples de lois, d'ordonnances, de règles, de règlements et de statuts à intégrer dans les plans généraux de chaque ville et comté des États-Unis. En 2002, tous les services de planification et tous les services locaux, étatiques et fédéraux qui régissent l'utilisation des sols en avaient un exemplaire et appliquaient les pratiques. Chaque université, chaque collège, chaque lycée, chaque école privée et chaque institution d'enseignement de notre nation utilisait *Growing Smart* dans son programme. Cela vous semble familier ? Growing Smart est une croissance intelligente.

Une organisation non gouvernementale, le Conseil international des initiatives locales pour l'environnement (ICLEI), est chargée de réaliser localement les objectifs de l'Agenda 21 des Nations unies. Plus de 600 villes et comtés américains en sont membres. Les coûts sont payés par les contribuables.

OK, vous dites, intéressant, mais je ne vois pas en quoi cela me concerne vraiment.

En voici quelques exemples :

Où que vous viviez, je parie que des centaines d'appartements ont été construits ou prévus dans le centre de votre ville récemment. Au cours des dix dernières années, une "révolution de la planification" a eu lieu aux États-Unis. Il s'agit de la mise en œuvre de *Growing Smart*. Vos terrains commerciaux, industriels et multi-résidentiels ont été rezonés en "usage mixte".

Presque tout ce qui a obtenu une autorisation de développement a été conçu de la même manière : des commerces au rez-de-chaussée et deux ou trois étages de logements au-dessus. Utilisation mixte. Très difficile à financer pour la construction, et très difficile à gérer car il faut une forte densité de population pour justifier le commerce de détail. Une grande partie du quartier est vide et la plupart des commerces du rez-de-chaussée le sont également. Taux de faillite élevé.

Et alors ?

La plupart de vos villes ont assuré le financement et/ou le développement des infrastructures pour ces projets privés. Elles ont utilisé les fonds de la Redevelopment Agency. Votre argent. Plus précisément, vos impôts fonciers. Vous avez remarqué qu'il y a très peu d'argent dans vos fonds généraux maintenant, et que la plupart de cet argent sert à payer la police et les pompiers ? Vos lampadaires sont éteints, vos parcs sont en mauvais état, vos routes sont défoncées, les hôpitaux du comté ferment. L'argent qui devrait être utilisé pour ces choses est détourné vers la Redevelopment Agency pendant 30 ans. C'est la seule agence gouvernementale qui peut émettre des obligations sans un vote du peuple. Et ils l'ont fait, et maintenant vous payez ces obligations pour les 30 à 45 prochaines années avec vos impôts fonciers. Le saviez-vous ?

Alors, qu'est-ce que cela a à voir avec l'Agenda 21 ?

Le redéveloppement est un outil utilisé pour promouvoir la vision de l'Agenda 21, qui consiste à refaire les villes américaines. Avec le redéveloppement, les villes ont le droit de prendre des biens par domaine éminent — contre la volonté du propriétaire — et de les donner ou de les vendre à un promoteur privé. En déclarant une zone de la ville "délabrée" (et dans certaines villes, plus de 90% de la superficie de la ville a été déclarée délabrée), les impôts fonciers de cette zone sont détournés du fonds général. Cette restriction des fonds disponibles appauvrit les villes, les oblige à offrir de moins en moins de services et réduit votre niveau de vie. Ils vous diront cependant que c'est mieux, puisqu'ils ont installé de beaux lampadaires et des pavés colorés dans le centre-ville. L'argent est redirigé vers la Redevelopment Agency et distribué aux promoteurs favorisés qui construisent des logements à bas revenus et à usage mixte. Croissance intelligente. Les villes ont fait construire des milliers d'appartements dans les zones de redéveloppement et vous disent que vous êtes épouvantable parce que vous voulez avoir votre propre jardin, avoir de l'intimité, ne pas vouloir vous faire dicter votre conduite par le conseil d'administration d'une association de propriétaires d'appartements en copropriété, être antisocial, ne pas être d'accord pour être d'accord, ne pas déménager dans un appartement exigu et hors de prix au centre-ville où ils peuvent utiliser vos impôts fonciers pour rembourser cette énorme dette obligataire. Mais ça ne marche pas, et vous ne voulez pas emménager là. Alors ils doivent vous y obliger. Lisez la suite.

L'habitation humaine, telle qu'elle est désignée aujourd'hui, est limitée aux terrains situés dans les limites de la croissance urbaine de la ville. Seuls certains modèles de bâtiments sont autorisés. Les propriétés rurales sont de plus en plus limitées quant aux utilisations qui peuvent y être faites. Bien que les comtés affirment qu'ils soutiennent les utilisations agricoles, la consommation d'aliments produits localement, les marchés fermiers, etc., en fait, il existe tellement de réglementations limitant l'utilisation de l'eau et des terres (il existe des couloirs scéniques, des couloirs ruraux intérieurs, des couloirs de baies, des plans de zone, des plans spécifiques, des plans de réaménagement, des frais énormes, des amendes) que les agriculteurs perdent complètement leurs terres. Les routes du comté ne sont pas pavées. On pousse les gens à quitter la terre, à devenir plus dépendants, à venir dans les villes. Quitter les banlieues pour aller dans les villes. Quitter leurs maisons privées pour des condos. Quitter leurs voitures privées pour prendre leur vélo.

Les vélos. Qu'est-ce que ça a à voir avec ça ? J'aime faire du vélo et toi aussi. Et alors ? Les groupes de défense des bicyclettes sont très puissants maintenant.

Plaidoyer. C'est un terme sophistiqué pour désigner le lobbying, l'influence et peut-être même le harcèlement du public et des politiciens. Quel est le lien avec les groupes de cyclistes ? Les groupes nationaux tels que Complete Streets, Thunderhead Alliance, et d'autres, ont des programmes de formation qui enseignent à leurs membres comment faire pression pour le réaménagement, et forment les candidats aux élections. Il ne s'agit pas seulement de pistes cyclables, mais aussi de réaménager les villes et les zones rurales selon le "modèle durable". L'objectif est un développement urbain à haute densité sans parking pour les voitures. Ils les appellent "villages de transit". Cela signifie que des villes entières doivent être démolies et reconstruites à l'image du développement durable.

Les groupes de cyclistes, souvent dominés par des zélateurs bourrés de testostérone, sont utilisés comme "troupes de choc" pour ce plan.

Quel plan ? Nous perdons nos maisons depuis le début de cette récession/dépression, et beaucoup d'entre nous n'ont jamais pu se permettre ces maisons pour commencer. Nous avons obtenu de l'argent bon marché, utilisé tout ce que nous avions pour nous glisser dans ces maisons, et maintenant certains d'entre nous les ont perdues. Nous avons été attirés, endettés, et coulés. Des quartiers entiers sont vides dans certains endroits. Certains sont en train d'être rasés. Les villes ne peuvent pas se permettre d'étendre les services en dehors de leurs zones centrales. Lentement, les gens ne pourront plus s'offrir de maisons individuelles. Ne pourront plus s'offrir de voitures privées. Seront plus dépendants. Plus restreints. Plus facilement surveillés et contrôlés.

Ce plan est un plan pour toute la vie. Il concerne le système éducatif, le marché de l'énergie, le système de transport, le système gouvernemental, le système de santé, la production alimentaire, etc. Le plan consiste à restreindre vos choix, à limiter vos fonds, à réduire vos libertés et à vous priver de votre voix. L'un des moyens est d'utiliser la technique Delphi pour "fabriquer un consensus". Une autre consiste à infiltrer des groupes communautaires ou à créer des associations de quartier avec des "leaders" triés sur le volet. Une autre consiste à préparer et à former les futurs candidats aux fonctions locales. Une autre consiste à parrainer des groupes non gouvernementaux qui vont dans les écoles et forment les enfants. Un autre consiste à offrir des subventions et des financements fédéraux et privés pour les programmes locaux qui font avancer l'agenda. Un autre consiste à former une nouvelle génération de planificateurs de l'aménagement du territoire pour exiger le nouvel urbanisme. Un autre consiste à convertir les usines à d'autres usages, à introduire des mesures énergétiques qui pénalisent l'industrie manufacturière et à fixer des objectifs de consommation d'énergie aux niveaux d'avant 1985. Une autre consiste à autoriser une immigration non réglementée afin d'abaisser le niveau de vie et de drainer les ressources locales.

Tout ce qui s'est passé était voulu par votre gouvernement.

Creusons un peu plus profond

L es trois pierres angulaires de l'Agenda 21 des Nations unies/développement durable sont l'économie, l'écologie et l'équité sociale, parfois appelées les "trois E".

L'effondrement économique crée une chaîne d'événements, mais à un niveau microéconomique (comté, ville), il y a une réduction marquée des revenus pour le maintien des services. La perte de services dans les zones périphériques signifie, par exemple, que les routes ne sont pas entretenues dans les zones rurales et suburbaines. La perte de services dans les zones périphériques signifie, par exemple, que les routes ne sont pas entretenues dans les zones rurales et suburbaines, que les écoles ne sont pas soutenues dans ces zones, que les services de police, d'incendie et sociaux ne sont pas soutenus dans ces zones, ce qui entraîne un déplacement progressif vers les centres-villes plus denses. Ajoutez à cela l'augmentation du coût de l'essence (manipulée) et du coût de l'énergie (manipulée) pour chauffer et refroidir des maisons statistiquement plus grandes, et vous obtenez une pression supplémentaire pour quitter les zones rurales et suburbaines. La réduction de la consommation d'énergie est essentielle.

La croissance intelligente/le nouvel urbanisme dans les zones de redéveloppement est la réponse supposée : des unités plus petites, des condos attachés, peu ou pas de parking, peu de voitures privées. Plus d'yeux dans la rue. Les projets de redéveloppement constituent l'un des volets de la mise en œuvre du plan de l'ONU et comprennent le rezonage de vastes sections de vos villes en zones de croissance intelligente. Cette manifestation physique de l'Agenda 21 de l'ONU est une ingénierie sociale payée avec l'argent de vos impôts fonciers. Les impôts fonciers de ces zones sont alors détournés de vos services pour aller dans les poches de quelques promoteurs et courtiers en obligations pendant des décennies. Résultat ? Des villes et des comtés en faillite.

En plus de ces facteurs, les réglementations à motivation écologique rendent le développement rural/suburbain prohibitif. De la protection des cours d'eau, des ruisseaux et des fossés à la protection des bassins versants, en passant par l'interdiction des zones de baignade, des terres intérieures et des corridors ruraux, et la protection accrue des espèces (les listes s'allongent), l'utilisation des terres est fortement limitée. La surveillance des puits d'eau et la perte des droits sur l'eau réduisent les possibilités de vivre en dehors des villes. Les programmes Wildlands qui interdisent les routes et les sentiers dans les zones rurales tout en les protégeant soi-disant par des servitudes de conservation accroissent la perte d'indépendance de nos sources alimentaires. La vente de droits de développement à des fiducies foncières agricoles qui empêchent les agriculteurs et les éleveurs d'utiliser leurs terres et rendent donc impossible l'exploitation agricole pour plus d'une génération supplémentaire met en danger notre capacité à nous nourrir.

Ajoutez à cela la pression exercée par les campagnes de protection du climat de l'ICLEI pour que nous ramenions notre consommation d'énergie à des niveaux antérieurs à 1985, ainsi qu'une réglementation accrue de l'industrie, et vous obtenez la tempête parfaite pour la perte d'emplois et une plus grande dépendance à l'égard d'autres pays pour les marchandises. La promotion des jardins de quartier et des jardins urbains est une manipulation. Vous ne pouvez pas faire pousser suffisamment d'aliments pour faire plus que fournir un complément mineur à votre nourriture achetée, et la plupart des gens ne sont pas des agriculteurs.

Pour produire de la nourriture, il faut du dévouement, des connaissances, de l'eau bon marché, un sol de bonne qualité non contaminé par le plomb (comme c'est le cas de la plupart des sols urbains) et suffisamment de terres pour réaliser des économies d'échelle. Sinon, vous ne faites que jouer. Comme la population devient de plus en plus urbanisée et moins capable de fournir de la nourriture ou des produits nécessaires, de plus en plus de gens dépendront du gouvernement pour le logement, la nourriture et les autres produits de première nécessité. Le gouvernement lui-même devient dépendant des subventions et des prêts assortis de conditions. De cette manière, les décideurs politiques sont influencés et mis sous pression par la *corporatocratie*.

Les partenariats public/privé favorisent certaines entreprises par rapport à d'autres et déséquilibrent complètement le terrain de jeu. Les entreprises indépendantes font faillite. La pauvreté fait son chemin dans la classe moyenne.

L'équité sociale, autre pierre angulaire de l'Agenda 21, entre en jeu ici. En tant que facteur de nivellement majeur, la perte d'argent, de terres, de nourriture et d'indépendance énergétique amènera les États-Unis à l'"équité sociale" avec les pays les plus pauvres. C'est l'un des objectifs de l'Agenda 21. En 1976, la Conférence des Nations unies sur les établissements humains (Habitat I) a déclaré dans son préambule que "*la propriété foncière privée est également un instrument principal d'accumulation et de concentration des richesses et contribue donc à l'injustice sociale... Le contrôle public de l'utilisation des terres est donc indispensable*". Pensez aux implications de cela lorsque nous discutons du domaine éminent, des restrictions d'utilisation des terres et des servitudes de conservation. Vous auriez pu penser que l'équité sociale signifierait que les pauvres seraient élevés.

Non. Certains éléments du concept d'équité sociale empêchent le développement d'une "industrie sale" ou de tout ce qui serait "mauvais pour la communauté" dans une zone à faibles revenus. Les zones à faibles revenus ne doivent pas être considérées comme un dépotoir de pollution. Oui, je suis d'accord. Vous aussi, probablement. Mais c'est le masque vert. Derrière cela se cache le retrait de TOUTES les industries de toutes les zones. La seule chose que l'on construit dans les zones à faible revenu, ce sont des logements pour les personnes à faible revenu (avec des fonds de réaménagement.) Le résultat est l'entreposage des pauvres. La santé, les soins de santé présumés et la nutrition en souffriront. Des problèmes psychologiques, le stress de vivre dans des zones de croissance intelligente étroites avec d'autres personnes sans emploi ou sous-employées, et la criminalité en résulteront. La police communautaire (sous l'égide du ministère de la Justice) encouragera, voire obligera, les gens à surveiller leurs voisins et à signaler toute activité suspecte. Davantage d'activités seront identifiées comme des "crimes" — comme l'obésité, le tabagisme, la consommation d'alcool alors que vous avez un problème d'alcoolisme, les injures, le fait de laisser les lumières allumées, la négligence (selon la perception de quelqu'un) envers les enfants, les personnes âgées et les animaux domestiques, le fait de conduire alors que vous pourriez faire du vélo, le non-respect du couvre-feu et le manquement au bénévolat obligatoire. La "communauté" exigera davantage de forces de l'ordre pour rétablir l'ordre, et davantage de règles et de règlements s'ensuivront. Les frontières entre le gouvernement et les groupes non gouvernementaux s'estomperont de plus en plus, car des groupes locaux non élus prendront des décisions politiques en utilisant la technique Delphi pour obtenir un consensus. Les modèles chinois et russe sont instructifs quant à ce que vous pouvez attendre du communautarisme. Lisez *Life and Death in Shanghai* de Nien Cheng et *L'Archipel du Goulag* d'Alexandre Soljénitsyne pour des exemples concrets. La guerre contre la terreur est un plan communiste conçu pour VOUS terroriser.

Vous pouvez constater que le travail de base a été effectué et qu'il est mis en œuvre dans toute la nation. Lorsque vous créez une dépendance profonde et que vous retirez ensuite l'aide, le résultat est le chaos et la pauvreté.

La propagande imprègne notre culture de messages selon lesquels il n'y a que quelques gagnants et beaucoup de perdants ; nous sommes en train de tuer la terre et le temps presse ; la prospérité est un anachronisme et nuit à la vie ; la liberté individuelle est égoïste et nuit à ceux qui sont moins libres.

Ces messages sont conçus pour vous faire honte et vous mettre sous pression, et pour créer un sentiment d'urgence qui nuit à votre capacité à raisonner clairement.

Au début

Bien qu'il existe des indications antérieures selon lesquelles les Nations unies cherchaient à contrôler l'utilisation des terres et à gérer les populations (1976—Habitat I), le précurseur du Sommet de la Terre de Rio de 1992 a été une réunion similaire de la même commission en 1987, la Commission mondiale sur l'environnement et le développement (appelée Commission Brundtland), qui a initialement défini le terme "développement durable". Dans son rapport "Notre avenir à tous" présenté aux Nations unies, la Commission Brundtland a défini le développement durable comme suit :

> *Un développement qui répond aux besoins du présent sans compromettre la capacité des générations futures à répondre à leurs propres besoins".*

Il ne restait plus qu'à déclarer que nos activités et nos modes de vie actuels "compromettent la capacité des générations futures à répondre à leurs propres besoins" et à décider de ce qu'il fallait faire.

Après la présentation de "Notre avenir à tous" à l'Assemblée générale des Nations unies en 1987, la Commission mondiale sur l'environnement et le développement (Commission Brundtland) a été chargée de concevoir des stratégies pour parvenir à un développement durable d'ici à l'an 2000.

Au Sommet de la Terre de Rio en 1992, la Commission (présidée par Maurice Strong) est revenue avec l'Agenda 21. Il n'y a aucun aspect de notre vie qui n'est pas couvert par ce document. Les quarante chapitres sont divisés en quatre sections :

Section I : Dimensions sociales et économiques

Section II : Conservation et gestion des ressources pour le développement

Section III : Renforcement du rôle des grands groupes

Section IV : Moyens de mise en œuvre

Vous pouvez le lire vous-même sur le site des Nations unies. Il suffit d'entrer Agenda 21 des Nations unies dans un moteur de recherche. Certaines des informations les plus importantes se trouvent au chapitre 7 — Établissements humains, qui constitue la base des "communautés durables", et dans les derniers chapitres, où sont abordées les technologies et les méthodes de mise en œuvre.

La base philosophique d'une grande partie de la législation et de la réglementation de l'Agenda 21 des Nations Unies est le principe de précaution. Il est issu du Sommet de la Terre de Rio de Janeiro en 1992 et constitue le principe 15. La définition : *Le principe de précaution stipule que si une action ou une politique présente un risque présumé de causer des dommages au public ou à l'environnement, en l'absence de consensus scientifique sur le fait que l'action ou la politique est nuisible, la charge de la preuve qu'elle n'est pas nuisible incombe à ceux qui prennent l'action.*

C'est une sorte de principe "coupable jusqu'à preuve du contraire". Le fait de l'appeler un principe en fait une source de droit dans l'Union européenne. L'UE ne l'a pas formellement défini, mais elle l'utilise pour élaborer ses lois sur l'alimentation, le développement technologique, le commerce, la protection de l'environnement et des consommateurs. Elle est obligatoire. Aux États-Unis, nous l'appelons "approche de précaution" afin de ne pas la codifier en tant que loi, mais elle est toujours utilisée pour élaborer des politiques. Que pensez-vous de cela ? En l'absence de preuve qu'une chose est nocive, vous êtes censé prouver qu'elle ne l'est pas. C'est sérieux — pensez au changement climatique/réchauffement de la planète, ou aux impacts sur les espèces.

L'imposer à domicile

B ill Clinton a été élu président en novembre 1992 et, six mois plus tard, il a émis le décret n° 12852 portant création du Conseil présidentiel sur le développement durable (PCSD). Il s'est réuni pour la première fois au cours de l'été 1993 et a continué jusqu'en 1999. Les membres du PCSD comprenaient les secrétaires d'État aux transports, à l'agriculture, à l'éducation, au commerce, au logement et au développement urbain, à l'agence de protection de l'environnement, à l'administration des petites entreprises, à l'énergie, à l'intérieur et à la défense. Les entreprises étaient représentées par les PDG de Pacific Gas and Electric, Enron (Ken Lay), BP Amoco et Dow Chemical, entre autres. Les organisations environnementales complétaient le tableau, les plus notables étant le Natural Resources Defense Council, le Sierra Club, le World Resources Institute, le Nature Conservancy et l'Environmental Defense Fund.

Le PCSD a immédiatement commencé à jeter les bases de la mise en œuvre de l'Agenda 21 aux États-Unis. L'objectif était de modifier les politiques publiques pour les aligner sur le nouvel agenda du XXIe siècle. Le PCSD a formalisé ses recommandations dans *"Sustainable America-A New Consensus"*. Depuis, nous n'avons plus jamais été les mêmes.

Consensus : neutraliser les ennemis

L'un des éléments d'une nouvelle règle de droit est la création d'un nouveau langage qui l'accompagne. Appelé "jargon", ce nouveau vocabulaire a, pour les connaisseurs, une signification différente de celle que vous pourriez comprendre en voyant ou en entendant ces mots. Presque chaque profession a son jargon, mais les responsables de la mise en œuvre de l'Agenda 21 de l'ONU comptent sur l'obscurité de leurs définitions pour vous empêcher de vous alarmer. Vivable. Marchable. Vibrant. Cyclable. Consensus. Conversation. Progressiste. Communauté. Diversité. Empreinte carbone. Intelligent. Vision. Vert. Parties prenantes. Régional. Durable. Les mots à la mode et les slogans sont utilisés comme des étiquettes pour vous manipuler. Lorsque vous entendez de tels mots de jargon, vous êtes conditionné pour soutenir et accepter le projet ou le plan auquel ils sont associés sans le remettre en question. Ces mots, par leur usage régulier dans les médias et leur acceptation implicite par vos pairs, vous indiquent que quelque chose est populaire. Ce sont les mots à la mode des concepteurs. Un jargon qui a été créé pour vous aider à sentir que vous appartenez à la masse, que vous faites quelque chose de positif et de bon, et que vous serez accepté en participant. Les meilleurs spécialistes des relations publiques du monde travaillent sur ces termes, rien que pour vous.

Le mot "consensus", par exemple, est défini dans mon dictionnaire comme "*Une opinion ou une position atteinte par un groupe dans son ensemble*". Dans la liste des éléments essentiels à intégrer dans leurs recommandations, le PCSD a inclus cette déclaration :

Nous avons besoin d'un nouveau processus décisionnel collaboratif qui conduise à de meilleures décisions, à des changements plus rapides et à une utilisation plus judicieuse des ressources humaines, naturelles et financières pour atteindre nos objectifs".

Un nouveau processus de décision collaboratif. La nouvelle définition du consensus est la neutralisation de l'opposition exprimée.

Dans l'ancienne manière de faire les choses, la manière démocratique, une question est soumise aux électeurs et ils

votent directement dessus, ou ils ont un représentant qui
examine les questions, les débat publiquement, puis vote. Si les
électeurs ne sont pas satisfaits du résultat, ils peuvent lancer un
référendum ou éliminer le représentant.

L'*Amérique durable* — *un nouveau consensus* ne permet pas
une réelle dissidence. Il ne peut y avoir aucune possibilité
d'échec dans la mise en œuvre de l'Agenda 21. En fait, les
secrétaires de cabinet ont indiqué qu'ils pouvaient mettre en
œuvre environ deux tiers des recommandations du PCSD sur le
plan administratif. Cependant, il n'est pas souhaitable que vous
remarquiez que l'on ne vous laisse pas le choix dans les
questions les plus importantes de votre vie, de sorte que l'on
vous donne l'illusion que vous prenez des décisions pour vous-
même. Comme dans l'exemple précédent des verres d'eau et de
lait, ce principe consistant à prendre deux points de vue opposés
et à les mélanger pour en obtenir un troisième ne représente pas
en fait votre opinion. On pourrait dire qu'il ne représente pas
non plus "l'autre" camp, mais puisque "l'autre" camp dirige la
réunion, vous pouvez être sûr que la manipulation aboutira au
résultat prédéterminé. Vous constaterez que l'eau n'arrive
jamais dans la cruche. La véritable signification du consensus
est de vous priver de votre voix et de vous donner l'impression
que vous êtes le seul à avoir un problème avec les résultats. Le
Conseil présidentiel sur le développement durable a intégré la
technique Delphi dans ses recommandations afin de vous
imposer un "changement plus rapide" par une manipulation
astucieuse.

La technique Delphi

Développée par la RAND Corporation en tant que technique de manipulation mentale pendant la guerre froide, la méthode Delphi est utilisée pour amener un groupe de personnes à accepter un point de vue qui leur est imposé tout en les convainquant que c'était leur idée. Dans les années 1970 et 1980, cette technique a été utilisée pour convaincre les propriétaires fonciers de l'intérêt d'accepter les cartes du plan général. Delphi peut être utilisé sur n'importe quel groupe, d'une seule personne au monde entier. Des animateurs formés présentent un éventail de choix à un groupe, mais les ont adaptés pour en orienter le résultat. Cette méthode est le plus souvent utilisée dans le cadre de réunions publiques, appelées "réunions de vision", organisées par votre ville ou votre comté pour recueillir votre avis sur Votre ville 2020 ou 2035. L'argent pour ces programmes provient souvent d'agences fédérales (membres du Conseil présidentiel sur le développement durable) sous la forme de subventions à votre gouvernement local. Les réunions sont annoncées comme une occasion pour vous de donner votre avis sur un nouveau plan passionnant pour le réaménagement de votre centre-ville pour l'avenir. Il s'agit généralement d'un plan spécifique pour un projet de réaménagement ou d'un plan de transport régional qui implique des restrictions en matière de logement et d'utilisation des sols. Delphi est utilisé dans les réunions de commissions scolaires, dans les formations, dans les réunions d'associations de quartier et dans d'autres endroits où les organisateurs veulent donner l'impression qu'ils ont écouté l'opinion de la communauté et l'ont intégrée dans leur plan. Au fait, vous n'entendrez jamais le mot "Delphi" — ils ne reconnaîtront jamais qu'ils le font.

Ce qu'il faut savoir à ce sujet, c'est que vous n'avez évidemment aucune influence.

Seuls les commentaires et observations qui vont dans le sens du plan pré-approuvé seront pris en compte. Tous les autres seront écrits sur un gros bloc de papier et jetés plus tard. L'illusion de l'adhésion du public est tout ce qui est nécessaire. Les organisateurs pourront plus tard faire valoir qu'ils ont tenu une réunion publique, qu'un certain nombre de résidents y ont assisté, que des commentaires publics ont été recueillis et que la communauté a approuvé le plan. L'animateur est souvent un consultant privé qui a été formé professionnellement à la conduite et à la gestion d'une réunion. Ce consultant a été engagé par votre ville pour répondre à l'exigence selon laquelle le projet a été vu et soutenu par ses citoyens — c'est VOTRE plan. Si le projet est controversé, la ville peut avoir lancé un appel aux groupes à but non lucratif, aux associations de quartier, aux conseils et commissions de la ville et aux employés municipaux pour qu'ils envoient des membres afin d'étoffer le public et d'être plus nombreux que les opposants potentiels. C'est la guerre. Dans les rares cas où la majorité des participants s'oppose au résultat prévu, l'animateur clôt la réunion et la reprogramme à un autre moment et en un autre lieu. Vous faites l'expérience du nouveau consensus.

Voyons donc ce qui se passe dans une réunion Delphi. Lorsque vous passez la porte, on vous demande de vous inscrire. Vous recevrez un badge et, selon le type de réunion, vous serez assis à des tables ou dans un auditorium. Un bref aperçu du projet sera donné et aucune question ne sera autorisée. L'animateur peut essayer d'établir les caractéristiques démographiques des participants en vous demandant de lever la main si vous avez entre 18 et 25 ans, 26 et 35 ans, etc. La réunion commence maintenant pour de bon.

Les orateurs seront des représentants du gouvernement, parfois votre maire ou des membres du conseil municipal, des représentants d'organisations à but non lucratif et des hommes d'affaires locaux intéressés par le résultat, tels que des ingénieurs, des architectes et des urbanistes. L'horaire de la réunion est serré et les occasions de poser des questions sont rares. Les questions autorisées reçoivent généralement une réponse brève ou sont renvoyées à plus tard. L'animateur a produit des diapositives PowerPoint attrayantes et des documents colorés contenant de nombreuses photos de personnes de la classe moyenne qui s'amusent dans des immeubles à étages éclairés par le soleil, avec de larges trottoirs bordés de tables de bistrot. Vous remarquez qu'il n'y a pas d'industrie manufacturière. Dans cette agréable utopie, il y a peu de voitures, beaucoup de trains à grande vitesse, un ciel bleu et des vélos. Beaucoup de vélos. Des parcs à ciel ouvert, mais pas de jardins privés. Des porches peu profonds qui donnent sur la rue. Des bâtiments construits juste derrière le trottoir et touchant leurs voisins.

On vous montrera peut-être un jeu de cartes de votre ville et on vous demandera de colorier les zones où vous aimeriez voir l'utopie pastel à la place de ce qui existe actuellement. À propos, il arrive souvent que les propriétaires de la zone concernée par le projet n'aient délibérément pas été informés de la tenue de cette réunion, et on ne leur a absolument pas demandé d'y assister. Cette réunion est destinée au "public", ce qui signifie que tout le monde peut y assister de n'importe où et donner son avis sur la vision.

Alors que les gens gribouillent joyeusement avec leurs crayons de couleur et leurs étoiles dorées comme des enfants de maternelle, ils ne sont pas conscients qu'un grand pourcentage du groupe a déjà été informé du projet et a reçu l'instruction de gérer leur table. Oui, il y a des "shills" à chaque table. Dans les grandes réunions, ils peuvent s'identifier comme faisant partie de l'équipe organisatrice et diriger la table ouvertement. Pendant que les personnes réelles sans méfiance discutent, les surveillants de table observent leur comportement. Qui est argumentatif, qui est docile, qui peut être amené à provoquer une scène, qui peut être amené à soutenir le projet. Les "leaders" du quartier qui coopèrent sont identifiés pour être cultivés plus tard. Ils seront utilisés pour créer des associations de quartier ou encouragés à dominer les associations existantes.

Lorsque la réunion se déroule sans accroc, vous ne remarquerez jamais l'évidence.

Que l'on ne vous a donné aucun choix réel, et que tous les documents imprimés montrent le projet tel qu'il sera une fois finalisé, sans tenir compte de ce que vous pourriez dire. À votre table, vous pourriez dire quelque chose comme "Hé, je n'aime pas l'idée de réduire la rue principale à deux voies". Mais soit on vous ignorera, soit plusieurs des personnes présentes à la table s'associeront pour vous montrer que c'est ce qu'il y a de mieux pour la communauté et ne voulez-vous pas que votre ville soit accueillante pour les vélos et les piétons ?

Vous pourriez dire "Comment les pompiers peuvent-ils passer par là si vous mettez un terre-plein dans la rue centrale ?". On vous répondra que cela a déjà été approuvé par le service d'incendie et votre commentaire sera noté pour être rejeté plus tard.

Que se passe-t-il si vous osez vous exprimer ? Le communautarisme est au cœur des réunions de consensus. Un élément vital du communautarisme est l'utilisation de la pression sociale pour vous faire conformer. La honte. Le but est de créer un climat d'isolement dans la réunion pour ceux qui ne sont pas d'accord. L'idée de dissidence est trop effrayante, trop exposée et trop antisociale pour que vous braviez le ridicule et la désapprobation de vos pairs. Ainsi, si vous osez vous exprimer, vous serez ignoré, moqué, calomnié, humilié, hué ou rabroué. Les surveillants de table peuvent inciter une personne qu'ils ont identifiée comme étant "susceptible de faire une scène" à être bruyamment d'accord avec vous afin de faire croire que vous avez un point de vue marginal.

Le facilitateur peut permettre que ce petit chaos se poursuive pendant une minute afin que la tension soit relâchée et que votre question soit oubliée.

À la fin de la réunion, vous serez remercié pour votre contribution et vous partirez en ayant l'impression d'être le seul à ne pas aimer le plan ou à vous être senti manipulé. Il se peut même que vous décidiez de ne pas retourner à l'une de ces réunions, car vous n'avez pas vraiment eu l'impression d'avoir été entendu et, de plus, cela a pris des heures de votre soirée. Vous avez peut-être un peu honte d'avoir fait du visionnage sur la propriété de quelqu'un d'autre, quelqu'un qui n'était pas là et qui ne pouvait pas protester en disant qu'il aime sa propriété telle qu'elle est. Peut-être ne voulez-vous pas penser à ce qu'il faudrait faire pour que cette vision devienne réalité. Mais vous haussez les épaules et vous vous dirigez vers votre voiture avec le sentiment d'avoir été un bon citoyen et d'avoir participé à un événement communautaire. Vous avez été soumis à la méthode Delphi.

Comment tout cela peut-il se passer sans que je le sache ou que je l'approuve ?

On ne vous demande pas de voter sur les activités secrètes de votre gouvernement.

Des traités et des accords, comme l'Agenda 21 des Nations unies, l'Agenda pour le XXIe siècle, sont conclus sans que vous en entendiez parler.

Peut-être qu'une signature présidentielle peut remplacer celle du Congrès, ou peut-être que ce n'est même pas nécessaire.

Ce n'est pas parce que tu n'as rien remarqué que ça n'est pas arrivé ?

Si c'est dans le journal, dans la deuxième section, en page 3, un jour dans l'année, avez-vous été informé ? Si le comté a organisé 15 réunions sur l'élaboration du plan général (en totale conformité avec l'Agenda 21 des Nations Unies) et que vous êtes resté chez vous à regarder la télévision ou que vous avez assisté à 15 réunions où l'Agenda 21 n'a jamais été mentionné, cela signifie-t-il qu'il n'existe pas ? Si vous ne mettez pas ensemble toutes les différentes restrictions, réglementations, films de propagande, livres, radio, magazines et télévision, cela signifie-t-il qu'il n'existe pas ? L'ironie, c'est que l'Agenda 21 de l'ONU demande une plus grande participation des citoyens mais le fait en créant tellement de conseils, de commissions, d'agences régionales, d'organisations à but non lucratif, de réunions et de programmes qu'il est impossible de rester au courant de ce qui se passe. Nous devenons donc, nécessairement, plus fragmentés, moins proches les uns des autres, épuisés et isolés parce que nous ne pouvons pas suivre le rythme. La soi-disant participation des citoyens est dictée par de faux groupes de quartier dirigés par des lobbyistes et des animateurs rémunérés. Les conseils d'administration et les commissions sont choisis sur la base de "joueurs d'équipe" ou de "shills" sélectionnés pour faire passer un jeu final en écrasant les quelques citoyens réels sans liens qui en font partie. Ces groupes sont les groupes de "présélection" des candidats aux fonctions publiques. Ce sont eux qui reçoivent les dons au moment des élections. Il est peu probable que quelqu'un qui ne joue pas le jeu se retrouve sur le bulletin de vote. Ensuite, on nous dit que c'est NOUS qui sommes à l'origine de ces nouvelles réglementations.

Nous sommes trop épuisés pour nous battre sur plus d'une question. Nous sommes peut-être victimes des réglementations de notre gouvernement, mais comme elles s'appliquent à un projet, une propriété ou une entreprise à la fois, nous avons rarement l'occasion de nous unir. Ou bien nous avons peur d'être pris pour cible par le gouvernement, les groupes locaux ou les journaux si nous prenons position. Moins nous sommes nombreux à posséder des petites entreprises et des biens privés, moins nous sommes nombreux à nous soucier ou à remarquer lorsque des décisions injustes sont prises. Ainsi, une économie effondrée où nous perdons nos maisons et nos entreprises soutient l'Agenda 21 de l'ONU.

Vous n'entendez jamais parler d'Agenda 21/Développement durable sur les radios conservatrices. On n'en entend jamais parler non plus sur les radios libérales.

Vous ne le voyez pas sur FOX. Vous ne le voyez pas sur MSNBC. Ils ne veulent pas en parler. Les républicains et les démocrates ne rompent pas le silence.

Ils y sont tous deux favorables. Quatre présidents l'ont soutenu. Deux Bush, Clinton et Obama. Lorsque nous en parlons, on nous traite de théoriciens du complot ou on nous dit que ça n'existe pas.

Mais c'est le cas. Et ils le savent. Donc c'est une course maintenant. Vous en faites partie. La course pour l'exposer. Pour éduquer vos amis, vos associés, vos parents, vos voisins… pour faire passer le mot. Les gens savent que quelque chose se passe, mais ils ne peuvent pas mettre un nom dessus, et ils ne réalisent peut-être pas que tout est lié. Mais vous, vous le savez. Vous vous demandez peut-être pourquoi on prend la peine de vous demander votre avis lors des réunions. Pourquoi les dirigeants ne font-ils pas passer le projet sans Delphi ? Parce qu'ils ne veulent pas enlever le Masque Vert. Ils devraient reconnaître qu'il existe un masque vert, ce qui provoquerait des troubles civils. Regardez dans l'Union européenne les résultats des "mesures d'austérité". Émeutes. Loi martiale et surveillance intérieure accrue.

La démonstration de force est intimidante, mais elle permet aussi de voir ce qui se cache derrière le masque.

Une autre raison pour laquelle vous n'avez peut-être jamais entendu parler de l'Agenda 21 des Nations unies est que l'opposition à ce programme est souvent assimilée à de l'antisémitisme. Le qualifier de "complot sioniste" est absurde si l'on considère que le sionisme est un mouvement ultra-nationaliste qui s'oppose totalement à la dissolution des frontières nationales (Israël est à peu près de la taille de l'île de Vancouver et légèrement plus grand que le New Jersey). Si vous abordez la question sous cet angle, je vous invite à abandonner cette attitude. Ce n'est pas productif, ce n'est pas réaliste (on pourrait dire que c'est un complot protestant, cela aurait-il un sens ?), et cela alimente directement la dialectique qui nous oppose les uns aux autres. Les grands médias peuvent alors les qualifier de "marginaux", ce qui justifie leur absence de reportage. Il est stupide et erroné de diaboliser tous les libéraux. Ne jouez pas le jeu de l'aliénation avec la moitié des États-Unis. Nous devons travailler ensemble.

Familiarisez-vous avec le communautarisme. C'est la philosophie politique derrière tout ça. Elle affirme que les droits de l'individu sont une menace pour la communauté mondiale. Chacun est un individu, donc nous sommes tous une menace pour la communauté globale. Nos droits à la propriété, à la mobilité personnelle et aux choix de vie, à se nourrir et à se vêtir, sont un danger pour la communauté mondiale. Nous devons donc être rationnés. Nous devons être contrôlés. Nous devons être surveillés. Nous devons être régulés, restreints et équilibrés. Nos droits individuels doivent être mis en balance avec ces droits sans nom accordés à la communauté mondiale par les Nations Unies, tels que codifiés par l'Agenda 21/Développement durable.

Le communautarisme est basé sur un paradigme : Un problème est créé. Une solution est proposée. La lutte entre les "deux parties" produit un résultat qui est une "troisième voie". Cette soi-disant troisième voie n'aurait jamais été acceptée, sauf qu'on l'appelle maintenant une solution à un problème. Ce problème n'existait pas. Et maintenant, la "solution" est la nouvelle "norme".

Corporatocratie. Le gouvernement par les entreprises. Partenariats public-privé. Des crédits d'impôt pour les entreprises. Des organisations à but non lucratif qui sont aussi des sociétés mais qui ont un visage vert. Peu importe le parti politique qu'elles prétendent soutenir, elles se relaient pour financer les deux camps. C'est l'Agenda 21 de l'ONU. Administré dans votre ville par les directives et les formations du Conseil international pour les initiatives écologiques locales (ICLEI) et de ses nombreux partenaires.

Tout le monde est touché par l'Agenda 21 des Nations Unies/Développement durable. Il n'y a pas de lumière clignotante ni d'étiquette, il faut donc être malin pour faire le lien. Étant donné que votre gouvernement utilise des noms différents pour tous les programmes (c'est la soupe à l'alphabet), vous ne reconnaissez pas qu'il y a un lien lorsque vous entendez, par exemple :

Votre enfant de 10 ans n'ira pas automatiquement dans le collège de votre quartier mais devra faire une demande d'admission. Il se retrouvera peut-être à l'autre bout de la ville, où vous n'assisterez jamais à la réunion des parents d'élèves, ne deviendrez jamais ami avec d'autres parents et ne pourrez pas vous porter volontaire dans la classe (et écouter la leçon) parce que vous ne pourrez pas rentrer à temps de votre travail.

Votre entreprise est soumise à une taxe d'amélioration commerciale par votre administration locale et vous devez la payer alors que vos clients doivent désormais mettre de l'argent dans les parcmètres, payer d'énormes amendes de stationnement et peuvent aller au centre commercial où le stationnement est gratuit.

Vous avez hérité d'un terrain de vos parents, mais vous découvrez qu'il est impossible d'y construire quoi que ce soit, car le comté a adopté une ordonnance qui vous interdit d'installer une fosse septique sur vos 12 hectares. Et le couloir de ressources biotiques dans lequel il se trouve ne permet pas de développement de toute façon. De plus, vous vous trouvez dans le "cône de vue", ce qui permet aux cyclistes de regarder votre terrain lorsqu'ils empruntent une piste voisine, et un bâtiment gâcherait tout cela.

Vous pensiez que c'était trop beau pour être vrai lorsque vous et votre mari avez pu acheter cette jolie maison de trois chambres en banlieue, mais le courtier en prêts hypothécaires était très enthousiaste au sujet du prêt à intérêt unique et les paiements étaient abordables. Vous constatez aujourd'hui que vous ne saviez pas comment le prêt était structuré et, comme la plupart de vos nouveaux voisins, vous avez tout perdu. Vous espérez obtenir l'un des logements abordables près de la gare.

Vous essayez d'arrêter de fumer car vous vous sentez comme un paria partout où vous allez, mais c'est tellement difficile que vous finissez par convenir avec votre médecin que la meilleure chose à faire est de prendre du Zoloft ou du Wellbutrin pour pouvoir tenir le coup. Maintenant, vous semblez flotter dans la journée avec une couverture douillette autour de votre cerveau, et vous comprenez pourquoi votre femme prend du Prozac.

Vous ne croyez pas que l'on vous "force" à vous passer de votre véhicule privé, mais vous remarquez que, bien que la Libye ne produise que 2% du pétrole mondial, le prix de votre essence a augmenté de 20% depuis que Kadhafi a commencé à crier. Vous avez également remarqué qu'il est question d'une "taxe sur les véhicules-kilomètres parcourus" au conseil municipal de votre ville, qui vous ferait payer pour vos longs trajets. Vous avez déménagé dans cette ville pour acheter une maison, mais le marché s'est effondré et vous n'irez nulle part avant un certain temps.

Bien sûr, vous étiez un fervent partisan de l'idée du train intelligent et vous avez voté pour l'augmentation de la taxe de vente d'un quart de cent à perpétuité, mais maintenant le train est un espoir lointain puisqu'ils ont sous-estimé les coûts et que l'argent est allé à la réparation des voies (pour le fret) et à de grosses pensions pour le personnel. Tous ces habitants de Smart Growth qui vivent près des voies vont maintenant entendre les sifflets des trains de marchandises, sentir les fumées à six pieds de distance et risquer de se blesser aux passages à niveau.

Vous en avez assez d'être traité de "drogué du pétrole" et vous ne comprenez pas pourquoi les innovations en matière de véhicules économes en énergie n'ont jamais été financées par votre gouvernement. Jusqu'à aujourd'hui, où vous pouvez payer 40 000 $ pour une compacte qui a une consommation de 35 miles au gallon.

Vous élevez vos enfants dans la ferme où vous avez grandi, mais il y a tellement de règlements et de règles que vous passez des heures par jour à remplir des papiers et à vous conformer à de nouvelles lois dont vous n'aviez pas connaissance avant de les violer. Les coûts des aliments pour animaux, des semences et de la transformation augmentent plus vite que vous ne pouvez le gérer, et sans le travail de votre femme, vous seriez coulé. Vous n'avez toujours pas payé votre frère et votre sœur pour la ferme — vous l'avez héritée conjointement de votre père — et maintenant que les impôts augmentent, vous n'êtes pas sûr de pouvoir la garder à moins de vendre une servitude de conservation à l'Open Space District. Vous regardez vos trois enfants, cependant, et vous vous demandez comment ils pourront payer les droits de succession lorsque vous mourrez et qu'il n'y a plus de droits de conservation à vendre.

Vous êtes sur le point d'obtenir votre diplôme de fin d'études secondaires et vous aimeriez entrer dans une université d'État, mais il vous faut une note de 4,2 ou plus et, en outre, vous n'avez pas fait assez de bénévolat pour des organisations à but non lucratif comme vos amis. Vous vous dites que vous allez devoir prendre une année sabbatique et servir dans le Peace Corps ou le Community Corps, sinon vous ne serez jamais admis dans une bonne école.

En rentrant du travail, vous avez remarqué que votre compagnie d'énergie avait installé un compteur intelligent sans vous le demander, et vous avez maintenant entendu dire qu'elle pouvait l'éteindre à distance, surveiller votre consommation, réduire votre allocation et, plus généralement, vous embêter à tout moment. Les enfants de votre frère dorment dans une chambre située juste à côté de la batterie de compteurs dans son complexe de condominiums et ils se plaignent de maux de tête et de nausées.

Vous êtes passé du stade où vous disiez que vous ne prendriez jamais la peine d'apprendre l'informatique à celui où vous vérifiez votre courrier électronique toutes les demi-heures, et vos enfants ne lèvent jamais les yeux de leur écran quand vous leur parlez. Leurs salles de classe sont tellement pleines que même vous pensez que l'apprentissage à distance pourrait être une bonne idée, et, hey, les manuels scolaires en ligne devraient permettre d'économiser de l'argent — ils peuvent les mettre à jour, les modifier, changer l'histoire d'un simple clic de souris — Génial !

Vous venez de rentrer de vacances au Mexique et vous avez remarqué les lecteurs de reconnaissance de la rétine et d'empreintes digitales à chaque poste de douane, et cela vous a rendu nerveux. Bien sûr, ils ne les utilisent pas encore sur tout le monde, mais combien de temps cela va-t-il prendre ? Vous avez également lu qu'ils ont des drones espions miniatures, les colibris, qui peuvent voler sur 13 km, entrer et sortir par les fenêtres, et enregistrer du son et de la vidéo ! Qui ? Votre gouvernement. Qu'est-ce qu'ils ont d'autre ? Savent-ils que vous lisez ceci ?

Vous vous rendez à une réunion d'une association de quartier par sens du devoir civique et vous constatez que l'on élit les membres de l'association.

Vous aimeriez proposer la candidature de votre voisin, mais vous ne pouvez pas le faire car le règlement intérieur stipule que tout candidat doit d'abord être approuvé par le conseil d'administration. Vous essayez de faire un commentaire mais vous vous faites huer par vos "voisins" en casque de vélo et spandex. Il est clair qu'ils ont un candidat qui sera élu et qui prétend parler au nom de tout le quartier.

La vérité choquante est qu'il ne s'agit pas seulement de réunions Delphi ; l'ensemble de votre gouvernement et de votre système juridique est en train d'être Delphi et de passer à un gouvernement par "consensus".

Ce n'est pas une question de gauche ou de droite. Aucun Américain ne veut d'une surveillance domestique accrue, d'une prise de contrôle par les entreprises de nos systèmes politiques, juridiques et gouvernementaux, de restrictions de la liberté d'expression et d'un énorme gaspillage de nos ressources par une guerre sans fin.

Appelez cela une croissance intelligente. Appelez-le développement durable. Appelez-le zonage basé sur la forme. Appelez-le renforcement des capacités. Appelez-le "recherche de consensus".

Appelez-le "bâtiment vert". Appelez-le Wildlands. Appelez-le "Homelands". Appelez cela l'éducation basée sur les résultats. Hé, ce n'est pas "Qu'est-ce que l'Agenda 21", c'est…

"Qu'est-ce qui n'est pas l'Agenda 21 ?" Ce n'est pas républicain, et ce n'est pas démocrate.

Ce n'est pas libertaire, et ce n'est pas indépendant. C'est COMMUNISTE.

La nouvelle loi du pays.

De l'international au local en une seule étape

C'est l'heure de la vue d'ensemble. Nous allons d'abord examiner l'histoire, puis nous verrons ce qu'ils font de cette histoire. Ne nous préoccupons pas de savoir si l'histoire est vraie ou non à ce stade. À mon avis, elle aurait été créée de toute façon — elle est tellement utile !

Voici l'histoire du Masque Vert :

Nous avons découvert récemment que la planète se réchauffe rapidement. Les calottes glaciaires fondent. Le niveau des mers augmente. La biodiversité est menacée.

Il y a trop de gens. Le dioxyde de carbone est un gaz à effet de serre qui contribue à l'augmentation de la température. Notre utilisation du pétrole et du gaz naturel, combinée au développement des zones rurales du monde, intensifie le réchauffement de la planète et le changement climatique. Nous devons changer, et vite. Le temps presse. Les célébrités, les fonctionnaires et toutes les personnes saines d'esprit s'accordent à dire que la planète est en danger et que nous en sommes la cause.

C'est le cas du Conseil international pour les initiatives écologiques locales (ICLEI). Créé en 1990 en tant qu'organisation non gouvernementale pour mettre en œuvre l'Agenda 21 au niveau local dans le monde entier, l'ICLEI fait entrer l'international dans votre ville. Selon son site Web international, iclei.org, "les membres viennent de 70 pays différents et représentent plus de 569 885 000 personnes".

Surprenant que vous n'en ayez jamais entendu parler, n'est-ce pas ? Il s'agit d'un consultant en matière de lobbying et de politique visant à influencer et à modifier les politiques gouvernementales locales liées à tous les aspects de la vie humaine. Vous avez remarqué qu'ICLEI a été fondé avant le Sommet de la Terre de Rio en 1992, où les préceptes formels de l'Agenda 21 ont été présentés au monde. ICLEI vend des formations aux gouvernements, met en place des programmes d'adaptation au climat, mesure et surveille les émissions de gaz à effet de serre des communautés et bien d'autres choses encore, moyennant finances. Récemment, ICLEI a changé de nom pour que l'on ne remarque pas qu'il s'agit d'une organisation internationale. Elle s'appelle désormais ICLEI-- Local Governments for Sustainability.

Voici ce que l'on peut lire sur le propre site web d'ICLEI : www.icleiusa.org ICLEI : Connecter les leaders

Connectez-vous. Innover. Accélérer. Résoudre.

Le rythme des changements environnementaux mondiaux, la dégradation des services écosystémiques à l'échelle planétaire et le dépassement de l'empreinte humaine sur la Terre exigent une accélération des efforts locaux. Même si les plus de 1100 collectivités locales membres de l'ICLEI se comportaient de la manière la plus avancée, et si nous devions extrapoler ces efforts dans le futur, ces vaillants efforts ne suffiraient pas à atteindre un niveau durable de consommation de ressources et de pollution dans les communautés — mieux connu sous le nom d'empreinte écologique des villes.

Les experts confirment ce que nous ressentons tous : Nous devons agir plus rapidement, collaborer davantage et rechercher des solutions plus radicales.

Pour accélérer l'action, ICLEI invite à la table des leaders d'un large éventail de secteurs qui ont tous un intérêt dans la

durabilité urbaine : Les collectivités locales, les gouvernements régionaux et nationaux, les agences internationales, les institutions financières, les organisations à but non lucratif, le monde universitaire et le monde des affaires. Ce sont des maires et des entrepreneurs, des scientifiques et des directeurs d'agence, des ministres et des PDG, des stratèges et des responsables d'organisation. Ce sont des innovateurs, des décideurs, des responsables de programmes et des agents du changement.

C'est à peu près tout. Avez-vous ressenti le sentiment d'urgence, de panique, dans ce message ? C'est une tactique de l'Agenda 21 de l'ONU. Pour que vous restiez paniqués, nerveux, déconcentrés, anxieux et dispersés. C'est un fait que les gens ne pensent pas clairement quand ils sont en mode panique. La confusion et la surcharge d'informations font partie de la technique Delphi. Des "solutions radicales" et une "action accélérée" sont nécessaires pour survivre. Remarquez que même si chaque gouvernement local de l'ICLEI se comportait de la manière la plus avancée dans le futur, cela ne suffirait pas pour atteindre un niveau durable. Vous sentez cette panique ? Vous n'y croyez pas ? Eh bien, faisons passer une loi pour vous convaincre. Mais d'abord, voyons ce que vous achetez. Encore une fois, sur www.icleiusa.org :

Ce que les membres d'ICLEI reçoivent :

*Logiciel et **formation** Clean Air & Climate Protection (CACP) Outils, guides, études de cas et autres ressources, y compris une bibliothèque d'exemples d'ordonnances, de politiques, de résolutions et d'autres documents des collectivités locales Formations par webinaires et ateliers régionaux **Possibilités de** mise en réseau entre pairs aux niveaux national, régional et international Expertise et assistance techniques et programmatiques de notre personnel régional Mises à jour des financements régionaux, étatiques et fédéraux, ainsi qu'analyses des politiques fédérales et internationales*

Événements annuels de formation et de leadership Reconnaissance et récompenses Représentation lors de réunions internationales.

Vous êtes déjà plus affûté, n'est-ce pas ? Vous avez repéré la bibliothèque des modèles d'ordonnances, de politiques, de résolutions et d'"outils" des collectivités locales.

Cela vous semble familier ? Et d'ailleurs, cela peut se chiffrer en centaines de milliers de dollars. Le plus important ici est le logiciel et la formation "Air pur et protection du climat". C'est la clé. Dès que votre ville ou votre comté devient membre de l'ICLEI (payé par vos impôts) ou devient une ville résiliente face au changement climatique et prend un engagement, le piège se referme sur vous. Vous êtes sur le tapis roulant vers la scie circulaire. Si vous n'avez vraiment pas de chance, l'un de vos représentants du gouvernement siégera au conseil d'administration d'ICLEI, représentant votre ville ou votre comté dans un groupe international. Dans le comté de Sonoma, la superviseure Valerie Brown a voté en faveur de l'attribution d'un contrat sans appel d'offres de 83 000 dollars à ICLEI pour mesurer les gaz à effet de serre et préparer un protocole. Ce contrat a été attribué sans que soit mentionné le fait que Valerie Brown siège également au conseil national d'ICLEI. Je l'ai signalée à la California Fair Political Practices Commission pour conflit d'intérêts, mais elle a refusé d'enquêter. Voici ce à quoi votre conseil ou vos superviseurs se sont engagés en acceptant les pressions d'ICLEI :

Première étape : *réalisation d'une étude sur la résilience climatique*

Deuxième étape : *fixer des objectifs de préparation*

Troisième étape : *Élaboration d'un plan de préparation au climat*

Quatrième étape : Publier et mettre en œuvre le plan de préparation

Cinquième étape : Surveiller et réévaluer la résilience

Comment tout cela s'imbrique-t-il ? Vous avez participé à une réunion Delphi au cours de laquelle on vous a dit que des logements à plusieurs étages devaient être construits le long des lignes de bus ou de chemin de fer dans votre ville, et que la conception actuelle des bâtiments et des rues dans votre centre-ville n'était pas bonne. On vous a dit que le mode de vie rural ou suburbain était mauvais pour la planète, que vous conduisiez trop, mangiez trop, arrosiez trop votre jardin, utilisiez trop d'énergie et détruisiez la planète par votre attitude égoïste. Comment le savent-ils ? Parce que votre ville a mené ou est en train de mener une étude sur la résilience climatique pour mesurer vos émissions de gaz à effet de serre. Il y a de fortes chances que vous vous trouviez quelque part dans cette liste d'étapes et que la pression soit forte. Le plan général de votre ville ou de votre comté a été modifié pour se conformer à l'Agenda 21 des Nations unies. N'oubliez pas cependant qu'ils veulent votre "adhésion" pour pouvoir dire que c'est votre plan. Pourquoi ? Parce que c'est plus facile quand vous êtes coopératif et, après tout, la révolution est mauvaise pour les affaires. Oui, c'est un plan des grandes entreprises. Le plus gros.

La carotte pour vous, la mule, est que vous sauverez la planète d'un désastre imminent si vous suivez les nouvelles règles. Et si tu ne veux pas le faire ? Le bâton. La législation. Nous reviendrons sur la législation un peu plus tard. Mais d'abord, regardons d'un peu plus près ICLEI.

Vous avez entendu le terme "ONG" et savez qu'il signifie "organisation non gouvernementale". Vous en déduisez naturellement qu'il signifie "sans but lucratif" et qu'il s'applique à toutes les organisations sans but lucratif. C'est du jargon. Une ONG est une société à but non lucratif qui est indépendante du contrôle du gouvernement, comme l'ont défini les Nations unies en 1945. L'expression "sans but lucratif" ne signifie pas que la société ne gagne pas d'argent, mais que l'argent excédentaire, une fois les salaires et les projets payés, est réinjecté dans la société, et qu'aucun impôt n'est payé sur cet excédent. Le chapitre 27 de l'Agenda 21 de l'ONU se concentre sur le rôle des ONG dans la mise en œuvre de l'agenda dans le monde entier. Les ONG sont utilisées pour estomper la frontière entre le gouvernement et le secteur privé. Les gouvernements étant de moins en moins capables de maintenir leur personnel, ils sous-traitent leurs services à des organisations, des organisations de la société civile, qui n'ont pas de comptes à rendre à la population. L'ICLEI est un tel groupe. Il jouit d'un statut consultatif spécial auprès des Nations unies, une position occupée par une poignée seulement des millions de groupes à but non lucratif dans le monde. Composé de fonctionnaires, de groupes de planification de l'environnement et des transports à but non lucratif et d'industries à but lucratif, ICLEI élabore des lois et des politiques conformes au droit international qui vous concernent. ICLEI est l'organe de mise en œuvre de l'Agenda 21 des Nations Unies/Développement durable. ICLEI se fragmente et influence les groupes dits locaux qui font pression sur votre gouvernement pour obtenir davantage de réglementations.

Cela vous dérange-t-il qu'une organisation "non gouvernementale" soit composée de gouvernements locaux ? Cela devrait. C'est un groupe privé qui tient des réunions qui ne sont pas ouvertes au public. L'ICLEI, une soi-disant organisation non gouvernementale, représente les collectivités locales dans les conférences internationales de l'ONU sur le climat. Les États ne peuvent pas avoir de politique étrangère — c'est dans notre constitution. Aucun traité, alliance ou confédération ne peut être conclu par les États et les entités locales. ICLEI reçoit des fonds fédéraux. Les audits du fisc fédéral disponibles en ligne pour les années fiscales 2005 et 2006 montrent qu'ICLEI a reçu plus de 1,7 million de dollars en 2005 et un peu plus d'un million en 2006 de ces quatre agences fédérales : Commerce, Protection de l'environnement, Développement international et Agriculture. Le numéro d'identification fédéral d'ICLEI est 043116623. Le formulaire 990 de l'IRS pour l'année fiscale 2009 montre qu'ICLEI a eu 4 553 618 $ (plus de quatre millions et demi de dollars) de revenus. Ces revenus proviennent de toutes les sources déclarables aux États-Unis pour la seule année fiscale 2009.

Vous vous souvenez que l'une des sections de l'Agenda 21 de l'ONU était le "renforcement du rôle des grands groupes" ?

Vous pouvez consulter la liste des membres sur www.icleiusa.org pour voir si votre municipalité est membre, mais il est probable qu'ICLEI ait des tentacules dans votre ville même si vous ne la voyez pas sur la liste. La liste en ligne n'est plus à jour et n'indique pas les Cool Mayors, Sustainable Cities ou Cool Counties. Vérifiez-les également. Le programme STAR est un nouveau programme avec dix villes pilotes. Voici ce que dit ICLEI à ce sujet :

> À ICLEI USA, nous avons constaté que les programmes éducatifs et politiques ne sont pas suffisants. Les réseaux et les meilleures pratiques ne sont pas suffisants.
>
> Les outils logiciels et le conseil ne suffisent pas. La transformation nécessite un système soigneusement coordonné et interconnecté d'éducation politique, de formation professionnelle et de mise en réseau, de soutien technique et d'éducation civique, ainsi qu'une évaluation constante des performances et un retour d'information avec chaque membre du gouvernement local sur une longue période. ICLEI s'est toujours concentré sur la construction de ce "système".

> *STAR est conçu pour tirer parti de chaque élément du système et, grâce à notre réseau de bureaux régionaux, nous renforçons notre capacité à fournir et, avec nos membres, à instaurer des changements dans l'intérêt public.*

> *ICLEI USA est en train de développer STAR avec un certain nombre de partenaires clés, dont le U.S. Green Building Council, le Center for American Progress et la National League of Cities. En outre, ICLEI USA a recruté 160 volontaires représentant 130 organisations, dont 60 villes et 10 comtés, des agences étatiques et fédérales, des organisations à but non lucratif, des associations nationales, des universités, des services publics et des sociétés privées.*

Les émissions de gaz à effet de serre sont suivies, mesurées et enregistrées par ICLEI. L'échange de droits d'émission de carbone, les objectifs d'émission de gaz à effet de serre et les statuts juridiques sont conçus et défendus par ICLEI.

Voici un extrait d'un article du *New York Times* du 23 mai 2011 :

> *Dans toute l'Amérique et au Congrès, l'existence même du changement climatique continue d'être contestée --- notamment par les conservateurs.*

> *Les sceptiques sont soutenus par des électeurs qui se méfient de la science et s'inquiètent des conséquences économiques d'une réglementation accrue. Pourtant, alors même que le débat fait rage, les urbanistes des villes et des États commencent à se préparer.*

> *Melissa Stults, directrice du climat pour ICLEI USA, une association de collectivités locales, a déclaré que de nombreuses administrations avec lesquelles elle travaille suivent une stratégie consistant à "intégrer discrètement la préparation aux catastrophes dans les efforts de planification traditionnels".*

Il y a beaucoup de choses à réfuter ici, mais notons que l'ICLEI est appelée une association de gouvernements "locaux", que les personnes qui posent des questions sont principalement des "conservateurs" qui se méfient de la science, et que la planification traditionnelle est furtivement modifiée.

Votre ville/comté s'est engagé à réduire ses émissions de dioxyde de carbone/gaz à effet de serre. Il est probable que votre gouvernement local s'est engagé en réponse à la législation adoptée par votre État. Vous êtes désormais tenu de réduire vos "émissions de gaz à effet de serre".

Dans notre comté, le comté de Sonoma, en Californie du Nord, le gouvernement s'est engagé à réduire d'ici 2015 notre production de dioxyde de carbone de 25% par rapport aux niveaux de 1990. Dans quatre ans. C'est ce qui se passe dans tout le pays.

Voici la question évidente : Quand les émissions de dioxyde de carbone du comté de Sonoma étaient-elles inférieures de 25% aux niveaux de 1990 ? En quelle année ? Vous ne pouvez pas trouver cette information. Nulle part. Combien d'habitants comptait le comté à cette époque ? On ne sait pas puisqu'on ne connaît pas l'année, mais la population du comté a augmenté depuis 1990. Donc, si nous parlons de réductions par habitant et que nous ne savons pas quelle était la population à l'époque où nous étions supposés être à 25% en dessous de 1990, cet objectif nous placera à un pourcentage plus élevé qu'une réduction de 25% sur une base par habitant.

C'est une question de contrôle. Le comté ne sait même pas à quelle année il essaie de remonter. Le comté ne mesurait pas les "gaz à effet de serre" dans les années 80. Ou dans les années 70. Mais leurs objectifs ramèneront notre agriculture, notre industrie, notre consommation d'énergie, nos entreprises, notre production et nos moyens de subsistance à un certain niveau du passé. Ce n'est qu'un chiffre pour certains, mais nous ne savons pas quelles en seront les conséquences.

Quel impact cela aura-t-il sur notre production alimentaire ?
Sur notre capacité à travailler et à continuer à être
financièrement indépendants ? Serons-nous tellement restreints
et réglementés que nous deviendrons totalement dépendants du
gouvernement pour notre alimentation, notre logement et nos
revenus ? Et ensuite ? Vivrons-nous dans des bidonvilles à
croissance intelligente ? Voyager dans des bus qui ne vont que
là où nous sommes autorisés à aller ? Restreints à travailler dans
nos villages de transit ?

C'est le résultat des décideurs politiques qui essaient de se
surpasser les uns les autres, et des agences qui agissent au
niveau régional pour essayer de se conformer aux mandats
étatiques et fédéraux orchestrés par l'ICLEI. Vous êtes tenus de
vous conformer. Que se passe-t-il si nous n'atteignons pas leurs
objectifs ? Examinons un exemple d'inventaire :

L'INVENTAIRE 2009 D'ÉMISSIONS DE GAZ À EFFET DE SERRE À L'ÉCHELLE DU DÉPARTEMENT

*Émissions de GES du comté de Sonoma en 1990 : 3,6 millions
de tonnes de dioxyde de carbone (CO2) Objectif de réduction
de 25% par rapport au niveau de 1990 : 2,7 millions de tonnes
de dioxyde de carbone (CO2) Émissions de GES du comté de
Sonoma en 2009 : 4,28 millions de tonnes de dioxyde de
carbone (CO2)*

Source : Agence de l'eau du comté de Sonoma
http://www.sctainfo.org/data.html

Si cette mesure avait été appliquée en 2009, il aurait fallu
réduire les émissions de 36,92%. Alors, quelle est la prochaine
étape ? Si vous ne pouvez pas atteindre leurs objectifs ? DES
AMENDES ? Et si vous ne pouvez pas payer vos amendes ?
Des privilèges fiscaux ? Et si vous ne pouvez pas payer votre
privilège fiscal ? Confiscation des biens ? Ou le feront-ils en
augmentant vos coûts énergétiques tout en vous rationnant, et

en établissant des paliers où vous paierez plus si vous consommez plus jusqu'à ce que vous soyez assis dans le froid ?

Le saviez-vous ? Le Royaume-Uni et une grande partie des États-Unis se sont engagés à réduire les émissions de gaz à effet de serre de 80% par rapport aux niveaux de 1990 d'ici 2050. C'était l'une des promesses de campagne du président Obama. Qu'est-ce que cela signifie pour vous ? Vous vous demandez si votre maire a signé l'accord de protection du climat de la Conférence des maires des États-Unis ? Il suffit de le taper dans votre moteur de recherche. Dans chaque État des États-Unis, au moins une ville a signé cet accord, soit plus de 1 050 villes. Il s'agit d'engagements visant à réduire considérablement la consommation d'énergie, jusqu'à 25% d'ici 2015. Pour connaître les objectifs de votre ville ou de votre comté en matière de réduction des gaz à effet de serre, utilisez votre moteur de recherche et tapez **ICLEI USA 2009 Annual Report**.

J'ai cherché pendant des jours, mais je n'ai pas réussi à trouver un tableau des émissions historiques de gaz à effet de serre pour les États-Unis. J'ai trouvé ce graphique qui montre l'historique des émissions mondiales de dioxyde de carbone de 1850 à 2004. Il indique qu'aux alentours de 1945, les émissions ont commencé à augmenter, passant de 5 000 millions de tonnes métriques à environ 29 000 millions de tonnes métriques en 2004. En 1990, elles étaient d'environ 20 000 millions de tonnes métriques. Si l'on réduisait ces émissions de 80%, on obtiendrait 4 000 millions de tonnes de dioxyde de carbone. D'après ce graphique, la dernière fois que le monde a atteint ce niveau, c'était… 1934.

Lors du Sommet de la Terre de Rio en 1992, où l'Agenda pour le 21ème siècle a été présenté, le président Maurice Strong a déclaré :

Les modes de vie et de consommation actuels de la classe moyenne aisée — qui impliquent une consommation élevée de viande, l'utilisation de combustibles fossiles, d'appareils électroménagers, de la climatisation à domicile et sur le lieu de travail, et de logements en banlieue — ne sont pas durables. Un changement s'impose, qui nécessitera un vaste renforcement du système multilatéral, notamment des Nations unies.

Alors, de quoi parlons-nous exactement ?

Comment ces règles sont-elles réellement promulguées et où peut-on les trouver ? Voici une question que nous recevons fréquemment sur notre site Web : *Notre comté (ville, village, canton, province) élabore actuellement un plan global. Qu'est-ce que c'est ? Est-il lié à l'Agenda 21 ?*

Oui. Un plan global est également appelé plan général, et est généralement mandaté/exigé par la loi de l'État. Il s'agit d'un plan à long terme pour le développement physique de la juridiction qui est préparé tous les vingt ans et qui est généralement mis à jour tous les cinq ans, en plus de quelques modifications occasionnelles. Il peut s'appeler Your Town 2020 ou 2035, ou quelque chose de similaire. Vous l'obtenez auprès de votre service de développement communautaire/planification. Vous pouvez souvent le trouver en ligne, et vous devriez l'examiner attentivement. Vous y trouverez peut-être des citations directes de l'Agenda 21 des Nations Unies dans la section consacrée aux objectifs. Vous vous souvenez de la technique Delphi ?

Vous vous souviendrez qu'elle a d'abord été utilisée sur les Américains pour leur faire accepter l'idée de cartographier leurs communautés et de dicter où et comment le développement pourrait se produire — les plans généraux. La loi exige que le plan général contienne des éléments spécifiques (transports, ressources biologiques, développement

ROSA KOIRE

communautaire, énergie et notre élément socio-économique préféré).

L'élément socio-économique comprendra généralement : La participation de la communauté (réunions Delphi), la sécurité publique (police orientée vers la communauté), la justice environnementale (freiner ou éliminer l'industrie), la garde d'enfants (mise en danger des enfants/droit de la famille), l'éducation (endoctrinement), l'économie (choisir les gagnants et les perdants), les parcs et loisirs (pistes cyclables).

Les plans généraux de 2020 et 2035 identifieront les droits de la communauté comme étant *"l'équilibre entre la protection de l'environnement et les besoins des résidents actuels et futurs en matière de logement, d'emploi et de loisirs, ainsi que le besoin d'options de transport pour réduire la dépendance à l'égard de l'utilisation de l'automobile"* (citation du Marin Countywide Plan – General Plan,

Marin County, Californie). Notez le mot "équilibrage". C'est un mot clé du jargon des communautariens. Vous vous souviendrez qu'il signifie que vos droits individuels ne sont pas aussi importants et qu'ils seront ignorés au profit des "droits de la communauté".

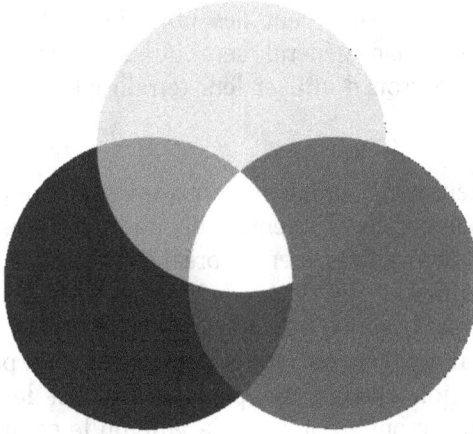

C'est le symbole de l'Agenda 21 des Nations unies : les cercles imbriqués de l'écologie, de l'économie et de l'équité sociale. Leur point de rencontre est le "développement durable". Cette image particulière est tirée du plan général du comté de Marin, en Californie. Votre plan général utilise-t-il le logo des Nations unies ?

Le plan général est la méthode, le document, la conception globale de la vie qui nous est imposée. Il constitue le cadre d'un grand nombre de lois et de règlements restrictifs qui étouffent les opportunités pour tous, sauf pour quelques élus. Il s'agit d'un plan d'aménagement du territoire, mais il s'étend bien au-delà des limites de la propriété, dans les décisions de vie que nous prenons. N'oubliez pas : il s'agit également d'un plan d'énergie et de transport.

Le plan général/plan d'ensemble est adopté par votre municipalité après de nombreuses réunions Delphi où le public est invité et où ceux qui sont des "joueurs d'équipe" et des lèche-bottes sont identifiés et honorés en tant que "leaders communautaires" afin qu'ils puissent parler en votre nom.

Les personnes qui soulèvent des objections sont également identifiées. Le plan général sera utilisé pour refuser aux propriétaires le droit d'utiliser leur terrain tel qu'il était zoné auparavant.

Voici comment ils s'y prennent. Vous savez peut-être déjà que si la ville ou le comté a l'intention de modifier votre zonage, il est tenu de vous en informer au préalable. Mais le document sous-jacent qui a la priorité sur le zonage est le plan général. Vous n'avez pas besoin d'être notifié lorsque le plan général est modifié, car il est "général" et votre propriété n'est pas la seule dont l'utilisation change. Le plan général est le document visionnaire qui montre comment la ville ou le comté souhaite que l'utilisation des terres soit à l'avenir, même si elle est différente de celle d'aujourd'hui.

Lorsque vous vous rendez au service de développement communautaire/planification pour, par exemple, agrandir votre bâtiment commercial, apporter quelques améliorations à votre immeuble d'habitation, ou même construire un nouveau bâtiment sur votre terrain vacant, vous allez avoir un choc. Car le plan général exige que tous les zonages soient mis en conformité avec lui, si la nouvelle vision de votre zone est différente de votre zonage actuel.

On vous dira que votre propriété est désormais "légalement non conforme". Il s'agit d'un jargon qui signifie que vous ne pourrez pas apporter ces améliorations ou construire ce que vous pensiez pouvoir faire. Dans la plupart des municipalités, si votre bâtiment brûle ou nécessite des réparations sur plus de 50% de sa surface totale, vous ne pourrez pas effectuer les travaux nécessaires pour le remettre en état. Si votre usage non conforme est interrompu pendant plus de six mois, vous perdez généralement le droit de rétablir cet usage. Voilà, c'est fait. Terminé. Vous bénéficiez d'un droit acquis, comme on dit, mais seulement tant que votre utilisation existante se poursuit. Ce n'est pas une mince affaire.

Pourquoi ? Parce que si vous vous trouvez au milieu de votre ville, il y a de fortes chances que votre terrain ait été réaffecté à un "usage mixte" ou à un "village de transit". C'est de la croissance intelligente — "utilisation mixte à haute densité". Comme nous l'avons dit plus haut, ce type de construction est coûteux à réaliser, difficile à financer et peut vous conduire à la faillite avant que vous n'ayez terminé, surtout si vous n'avez pas de bonnes relations politiques. Et même si vous êtes l'un des promoteurs amis, c'est un vivier de requins, et vous pouvez vous retrouver à nourrir les plus gros s'ils ont des vues sur votre propriété. Une des choses à retenir à propos de ces développements à haute densité est qu'il s'agit de grands projets de condominiums ou d'appartements. Gros. Parfois, on leur demande de construire 80 unités par acre, ce qui ressemble à un immeuble de quatre étages avec un parking au rez-de-chaussée et un espace commercial sur un pâté de maisons. C'est ce que signifie le terme "haute densité". Cela peut être énorme. Si vous n'êtes qu'une petite entreprise, vous ne pouvez pas obtenir le financement nécessaire de la même manière que si vous construisiez vingt maisons sur le même terrain au lieu de quatre-vingts condos.

Les condos se vendent généralement du haut vers le bas. En d'autres termes, le dernier étage avec les meilleures vues se vend plus rapidement et plus cher. Mais il faut construire tout le bâtiment en même temps ; on ne peut pas construire le dernier étage en premier !

Ainsi, au lieu de construire d'abord cinq maisons, puis les suivantes après les avoir vendues, vous vous endettez lourdement avant d'avoir atteint le toit. Si vous vous trouvez dans une zone de redéveloppement, vous êtes mûr pour l'expropriation, et si aucun projet n'est en cours pour le moment, vous pouvez vous considérer comme la société holding d'un promoteur favorisé qui se présentera plus tard et obtiendra de la ville qu'elle prenne votre propriété au rabais parce qu'elle est "légalement non conforme" et "délabrée".

Remise ? Oui. Votre bien immobilier aura une valeur moindre, voire nulle, car le risque sera plus élevé pour un prêteur ou un acheteur. L'investissement est une question de risque et de rendement. La meilleure combinaison pour un investisseur est un risque faible et un rendement élevé. Si votre propriété est légalement non conforme, le risque augmente qu'elle ne puisse pas être reconstruite en cas d'incendie, que la ville n'autorise pas la poursuite de l'utilisation actuelle si un locataire déménage, ou que si des réparations importantes doivent être effectuées, elle doive être démolie. Comme je l'ai mentionné, la plupart des villes ont une règle selon laquelle si une utilisation est non conforme et qu'elle est interrompue pendant plus de six mois, vous ne pourrez pas obtenir un nouveau permis d'utilisation. Ainsi, par exemple, si vous avez un bâtiment de fabrication spécialisée non conforme et que vous perdez votre locataire pendant plus de six mois, vous devrez peut-être démolir votre bâtiment. Les banques exigeront un taux d'intérêt et un acompte plus élevés pour les biens à haut risque. La valeur de votre propriété diminue. Pourquoi quelqu'un paierait-il le même montant pour votre propriété que pour une propriété qui n'a pas ces problèmes ? Il ne le fera pas. L'incertitude quant à l'usage que l'on peut en faire est une ombre à votre propriété et affectera votre assurance, votre combinaison de locataires potentiels, votre financement, vos options de partenariat et vos chances de vente.

Cela peut être le cas pour tous les types de biens, qu'ils soient améliorés ou vacants. Et vous ne l'avez peut-être même pas su avant d'essayer d'obtenir un prêt.

Vous trouvez ça ennuyeux ? Vous ne devriez pas. La plupart des petites entreprises sont lancées avec de l'argent obtenu à partir de lignes de crédit hypothécaires ou commerciales. Si vous ne pouvez pas obtenir de prêt, vous ne pouvez pas démarrer ou poursuivre votre activité. Si vous ne pouvez pas démarrer votre entreprise, vous risquez d'être au chômage ou sous-employé en travaillant pour quelqu'un d'autre. Vous avez moins d'opportunités, moins de liberté et moins de flexibilité dans vos choix d'emploi.

Pssst ! Vous voulez entendre un secret ? Lorsqu'une zone est déclarée "délabrée" et devient une zone de redéveloppement, l'un des critères utilisés par les consultants pour cette désignation initiale est que les entreprises locales y sont trop nombreuses. Le terme "délabrement" est un terme de jargon qui est défini dans le code de la santé et de la sécurité de votre État et qui fait référence à deux catégories : économique et physique. Une partie de l'élément économique indique qu'il n'y a pas assez de recettes fiscales générées par les ventes dans la zone. En général, les petites entreprises génèrent moins de recettes fiscales que les grandes chaînes nationales.

Le consultant, que votre ville paie essentiellement pour trouver des nuisances, qu'elles soient présentes ou non, dira que trop d'entreprises locales entraînent toute la ville dans leur chute. Ils sont installés dans de vieux bâtiments dont ils sont propriétaires et ne paient pas beaucoup d'impôts fonciers. Donc, votre ville dit : dehors avec l'ancien, dedans avec le nouveau ! Créez une unité d'application du code dans le département de la construction pour harceler les propriétaires ! Refusez d'autoriser les améliorations de façade ! Laissez le quartier se dégrader ! Réaménagez-le pour un usage mixte ! Incitez les "leaders" de la communauté locale à exiger l'application d'une nouvelle vision ! Déclarez le quartier délabré ! Prenez les propriétés par expropriation !

Donnez-les aux copains promoteurs ou aux constructeurs de logements sociaux subventionnés par le gouvernement ! Démolissez les vieilles entreprises familiales et populaires ! Reconstruisez selon le nouveau modèle avec un Quiznos, un Jamba Juice, un Starbucks, un Panda Express, un Kinko's et des Payless Shoes avec deux ou trois étages d'appartements au-dessus ! Les loyers vont augmenter ! Les impôts fonciers vont augmenter ! C'est ça la vision. Cela ne fonctionne qu'en période de boom, comme vous le voyez maintenant avec l'effondrement de l'économie.

Vous vous demandez pourquoi toutes les villes ressemblent à toutes les autres ? C'est la Ligue nationale des villes et l'Association nationale des comtés qui poussent à cela, avec des ateliers, des formations et des arguments de vente des associations de redéveloppement. Voilà pourquoi. Et les taxes foncières sont détournées de vos coffres locaux, du comté et de l'État pendant 30 à 45 ans pour aller dans les poches des courtiers en obligations. L'Agenda 21 de l'ONU profite aux grandes entreprises. Les villes doivent être sûres que ces obligations seront remboursées et ne veulent donc pas prendre de risques avec une entreprise locale. Ces appartements et condos sont souvent construits par d'énormes sociétés nationales comme LISC et Enterprise Community Development, qui ont chacune construit 280 000 unités avec des investissements et un effet de levier de plus de onze milliards de dollars.

Voici un petit aparté sur Enterprise Community Development. Avec une division à but non lucratif et une autre à but lucratif, ainsi qu'une grande expertise dans la construction d'unités à faibles revenus dans tout le pays, Enterprise profite énormément des subventions de réaménagement. Qui est partenaire d'Enterprise ? Les coalitions de cyclistes. Thunderhead Alliance (maintenant appelée People Powered Movement) est un groupe de pression qui compte dans ses rangs des centaines de coalitions de cyclistes, de magasins de vélos et de consultants. Tim May, d'Enterprise Community Development, siège également à son conseil d'administration. Lorsque ces groupes se rendent au service de l'urbanisme pour réclamer une croissance intelligente, il y a une incitation financière.

Combien de personnes parmi la foule des casques et du spandex savent qu'elles sont manipulées par leur conseil d'administration et les sociétés de développement qui gagnent des milliards avec l'argent de nos impôts ?

Logement à faible revenu = équité sociale = beaucoup d'argent pour les grands promoteurs. Hé, qui ne voudrait pas de subventions de 300 000 $ par unité pour des appartements à faible revenu alors que les maisons se vendent à 150 000 $? Ou restent vacantes.

Dans le nouveau monde vert, l'étalement urbain est un mal. Les législations contre les banlieues se multiplient. Le cul-de-sac est la progéniture du diable ! En Californie, le projet de loi 375 du Sénat est le projet de loi contre l'étalement urbain qui, combiné au projet de loi 32 de l'Assemblée (gaz à effet de serre), légifère sur l'Agenda 21 des Nations unies. Les fonds fédéraux et étatiques consacrés aux transports vont au développement et à l'infrastructure de la croissance intelligente. Voici la justification, le masque vert, selon newurbanism.org :

> Notre qualité de vie ne cesse de se détériorer car nous sommes constamment coincés dans les embouteillages. Notre environnement hideux, dominé par la voiture, est très stressant, extrêmement malsain (en raison des gaz d'échappement toxiques que nous respirons quotidiennement) et très mortel (en raison des accidents de voiture incessants).

> Cet environnement stressant nous affecte de multiples façons : augmentation du stress et de la colère, augmentation de l'alcoolisme et de la toxicomanie, augmentation des taux de divorce, augmentation des taux de cancer et d'autres maladies environnementales, et insatisfaction générale de nos vies.

> En outre, les principales organisations de santé soulignent le fait qu'un pourcentage élevé d'Américains ont de graves problèmes de santé dus à leur surpoids. Cette situation est principalement due au mode de vie paresseux que l'étalement urbain impose, avec peu ou pas de marche ou d'exercice dans le cadre de nos habitudes quotidiennes.

L'ÉTALEMENT URBAIN N'EST PAS INÉVITABLE. Il n'est pas un symptôme inévitable de la croissance moderne. L'étalement urbain est le résultat direct de choix et de politiques de transport spécifiques du gouvernement, combinés à des lois de zonage archaïques.

Smart Growth à Berkeley, CA.

Wow, qu'est-ce qu'ils ne reprochent pas aux banlieues ? Et avez-vous attrapé ce zingueur : "lois de zonage archaïques" ? Cela signifie qu'ils sont en faveur d'une modification des plans généraux afin que vous ne puissiez construire que de la croissance intelligente, et seulement là où ils vous le permettent.

Le nouveau venu est le district de financement des infrastructures (IFD), qui va de pair avec la législation anti-étalement et est une sorte de super-district de développement qui n'a pas besoin d'un constat de dégradation.

Bien qu'il n'existe pas de pouvoir d'expropriation pour un usage privé, comme dans le cas d'un réaménagement, il est possible d'utiliser un projet d'infrastructure, tel que le réaménagement d'une rue, pour s'approprier une propriété en vue d'un "usage public" dans le cadre d'une expropriation. La vraie nouvelle est qu'ils peuvent être utilisés pour payer un développement résidentiel à haute densité : La croissance intelligente. Aucun vote du contribuable n'est nécessaire pour obtenir des obligations, et la période de remboursement est de 40 ans. Que pensez-vous de "ne pas compromettre les citoyens du futur par des actions prises aujourd'hui" ? Est-ce que c'est durable ?

Le retour à la terre ?

Vous espérez vous évader en partant à la campagne ? Oubliez ça.

Supposons que vous vous trouviez dans une zone rurale, sur un terrain de 360 acres dont la superficie minimale est de 60 acres. Il est temps de devenir nerveux. Vous pensez peut-être que vous pouvez mettre six maisons sur ces 360 acres, mais détrompez-vous.

Outre les panoramas, les habitats, les lignes de crête, les seuils des cours d'eau et les autres restrictions en matière d'aménagement, il est probable que le plan général de votre comté ait décidé qu'une seule résidence est autorisée sur chaque parcelle légale. Les petites parcelles peuvent être fusionnées en une seule plus grande si le comté décide qu'elles n'ont pas été initialement divisées avec l'approbation du comté il y a cent ans. Les parcelles de mille acres peuvent être limitées à une seule maison. Vous pouvez passer dix ans à essayer d'obtenir des autorisations pour subdiviser ces mille acres. Le comté veut un espace ouvert. Mettez la main à la poche ! Payez pour jouer !

Vous pourriez dire "Et alors ? Je ne possède pas de ranch. Pourquoi devrais-je me soucier du fait qu'un agriculteur ou un éleveur ne puisse pas diviser son ranch ?" Eh bien, si vous êtes membre du mouvement pour une alimentation locale, vous devriez vous sentir concerné. Vous ne voulez pas acheter votre nourriture à 5 000 km de distance ? Nous reviendrons plus tard sur les hangars alimentaires et le contrôle de la population par le biais de restrictions nutritionnelles, mais voyons d'abord le stress que subit votre agriculteur ou éleveur local. Dans un article du 31 janvier 2009 sur la crise de l'industrie laitière dans le nord de la baie de San Francisco, le Santa Rosa Press Democrat a rapporté ce qui suit :

> Domenic Carinalli, dont la laiterie de 350 vaches située à l'extérieur de Sebastopol regarde vers l'ouest des maisons rurales éparses et des arbres regroupés au sommet des collines, a déclaré qu'il ne se souvient pas d'une période aussi déprimée dans son secteur. "Vous ne pouvez vraiment pas vendre, même si vous le vouliez, car personne n'achètera vos vaches", a déclaré M. Carinalli, 67 ans. Il est secrétaire et ancien président de la Western United Dairymen, basée à Modesto, qui représente 1 100 des 1 700 exploitations laitières de l'État. Pour les producteurs laitiers, a-t-il dit, "il s'agit simplement de savoir combien de capitaux ils veulent brûler pour rester en activité".

Pourquoi un éleveur voudrait-il construire des maisons sur ses terres ? Nous ne parlons pas de centaines de maisons ; nous parlons d'une maison pour chaque soixante acres. Avec la hausse des coûts et l'augmentation des réglementations, un agriculteur ou un éleveur peut réfléchir à des moyens de se recapitaliser. Elle s'inquiète peut-être du fait que ses enfants adultes ne pourront pas vivre à la ferme s'ils n'ont pas chacun leur propre maison, mais les codes de zonage n'autorisent pas plus d'une maison et quelques bâtiments agricoles sur une parcelle. Elle peut craindre qu'à son décès, ils n'aient pas assez d'argent pour faire vivre la ferme et qu'ils soient obligés de la vendre pour payer les droits de succession ou pour partager l'héritage. De nombreux plans généraux n'autorisent aucune autre utilisation que l'agriculture sur les terres zonées à cet effet, et leurs idées sur ce qu'est l'agriculture changent constamment. Certains comtés stipulent que si votre terre ne produit pas une récolte d'une valeur d'au moins 800 dollars par acre, vous serez taxé à un taux résidentiel plus élevé. Pour un producteur de foin, c'est le baiser de la mort.

La fiducie foncière agricole locale est venue proposer d'acheter une servitude de conservation. Lorsque l'agent du Land Trust se présente et offre un prix élevé pour couvrir la terre avec une servitude de conservation, de nombreux agriculteurs et éleveurs sautent sur l'occasion.

Croyez-le ou non, le ministère de l'Agriculture de l'État du Wyoming envoie des animateurs auprès des éleveurs âgés pour les "aider à planifier leur succession". Comme d'habitude, ces trucs sont trop fous pour être inventés. L'État s'inquiète du fait que trop peu de fermes familiales sont conservées par les membres de la famille. L'animateur rémunéré par l'État fait pression sur tous les membres de la famille pour qu'ils se réunissent avec lui et discutent de ce qu'il adviendra du ranch lorsque le propriétaire sera décédé, puis il rencontre chaque membre de la famille en privé pour connaître toute la dynamique intime de la famille. Je n'ai pas lu tout le guide de l'animateur, mais il semble que l'objectif soit d'obtenir une servitude de conservation pour l'État. Si vous voulez le lire vous-même, tapez le titre dans votre moteur de recherche : *Passing It On: An Estate Planning Resource Guide for Wyoming's Farmers and Ranchers.* Ils l'ont vraiment appelé *Passing It On*, comme dans : "Oh, le vieux Bill ? Il est décédé, le pauvre. Ils ont le sens de l'humour…

La "masque verte" d'une servitude de conservation est qu'elle permettra à l'agriculteur ou à l'éleveur de poursuivre à jamais une utilisation agricole et de maintenir ces terres en production. La vérité est bien différente. Essentiellement, la vente d'une servitude de conservation est la vente des droits de développement sur la terre pour toujours. La servitude est liée à la terre, et non au propriétaire, donc si vous vendez la terre, la servitude reste avec elle. Une servitude de conservation donne à la fiducie foncière le droit d'entrer, d'inspecter et de surveiller l'utilisation de la terre, et de pénaliser financièrement le propriétaire en cas de violation de l'accord de servitude. Vous perdez vos droits à la vie privée, à décider ce que vous voulez faire sur votre terre et où vous voulez le faire. Si, par exemple, vous êtes l'éleveur et que vous garez votre camion de ferme dans une zone pour charger le bétail, et que cette zone est "interdite" selon votre servitude, vous serez condamné à une amende. Si vous voulez contester cette amende devant les tribunaux, vous devrez payer tous les frais d'avocat et de justice, que vous gagniez ou perdiez. Un seul litige peut vous coûter des milliers de dollars. L'argent que vous avez obtenu pour vos droits de développement ne durera pas plus d'une génération. Vos enfants n'auront pas grand-chose à vendre s'ils doivent payer des impôts ou se racheter mutuellement, et le terrain sera probablement vendu au titulaire de la servitude de conservation. Il peut s'agir de la même fiducie foncière qui vous l'a achetée ou d'une autre. Elle ne vous avertit pas si elle vend votre servitude à quelqu'un d'autre. Quel est le véritable objectif d'une fiducie foncière ? Retirer les terres de la propriété privée et les rendre à la nature. La plupart des terres des Land Trusts sont complètement fermées aux humains. Si vous pensez que c'est une bonne chose, détrompez-vous. D'où viendra votre nourriture ?

J'espère que tu aimes les légumes. Voici ce que le Centre d'information des Nations unies a à dire sur les animaux de ferme :

> *"Le bétail est l'un des principaux responsables des problèmes environnementaux les plus graves d'aujourd'hui", a déclaré Henning Steinfeld, haut fonctionnaire de l'Organisation des Nations unies pour l'alimentation et l'agriculture (FAO).*

> *"Une action urgente est nécessaire pour remédier à la situation" www.un.org*

Selon les Nations unies, l'élevage bovin génère plus de gaz à effet de serre responsables du réchauffement de la planète, mesuré en équivalents CO_2, que les transports. Leurs solutions incluent le captage du méthane (très coûteux), et des restrictions.

Avez-vous entendu parler des hangars alimentaires ? Les villages de transit (anciennement appelés villes) ne pourront accueillir que la population qui peut être nourrie par des aliments cultivés dans un rayon de 160 km (appelé "hangar alimentaire"). Les hangars alimentaires détermineront où vous pourrez vivre et quand vous pourrez changer de résidence. Des calculs, tels que ceux effectués récemment à l'université de Cornell, détermineront la quantité de nourriture pouvant être cultivée dans cette zone, puis la population du village de transit sera limitée au nombre de personnes pouvant être nourries par cette terre (consultez le site Web de Cornell en tapant "Cornell University" et "Food Sheds" dans votre moteur de recherche).

Il est raisonnable de s'attendre à un rationnement basé sur ce mode. Si vous voulez déménager dans ce village, vous devrez faire une demande et attendre une ouverture, ne pensez-vous pas ? Cela n'a-t-il pas un sens ? Parce que s'ils ne produisent que suffisamment de calories pour la population existante, vous devrez attendre. Et tous ceux qui y vivent devront avoir une carte d'identité. Et quiconque voudra se marier dans la région ou avoir un enfant devra obtenir une autorisation. Je réfléchis juste aux possibilités. Je suppose qu'ils pourraient réduire le nombre de calories dont vous avez besoin. Cela pourrait résoudre le problème. Ça donne plus de sens à l'étiquette "locavore", n'est-ce pas ? Allez-y !

Wildlands : notre glorieux avenir

Les théories de conspiration sont pour les enfants. Là, c'est le grand moment. Pas besoin de théories quand la mise en œuvre d'une politique vous regarde dans les yeux. Le projet Wildlands est l'une de ces choses de science-fiction qui font que les gens vous regardent bizarrement quand vous en parlez. Malheureusement, vous n'êtes pas fou. Vous avez déjà vu la carte que Michael Coffman a préparée pour les objections de la sénatrice Kay Bailey Hutchison au traité de la Convention sur la biodiversité au Sénat. Le traité n'a jamais été ratifié par le Sénat, mais il est mis en œuvre sur le plan administratif. Si vous ne l'avez pas vu, tapez "Wildlands Map" dans votre moteur de recherche. Lorsque vous la voyez, on dirait que l'ensemble des États-Unis est une masse de lignes rouges et jaunes. Ces lignes représentent des corridors de vie sauvage, existants ou proposés, qui limitent l'activité humaine. L'idée est de ramener des espèces à l'état sauvage et de fournir des couloirs traversant le continent pour leur permettre de migrer en toute sécurité.

Ça a l'air génial, n'est-ce pas ? Ted Turner, le magnat milliardaire des médias, possède des milliers d'hectares de terres dans le Montana et il semble qu'il relâche des loups et des ours sur ses terres pour les repeupler. Les éleveurs et les agriculteurs de la région s'inquiètent du fait que certains de ces loups sont d'une race canadienne qui met bas plus de petits par portée que les loups locaux, et qu'ils sont des chasseurs féroces. Deux loups peuvent abattre un cheval ou un élan. Dans l'ensemble du pays, dans les villes situées à proximité d'espaces ouverts, de plus en plus de pumas, d'ours, de coyotes, de couguars et de lynx roux arrivent dans les zones habitées. Si vous consultez le site WildlandsNetwork.org, vous trouverez cette citation :

> Notre solution, fondée sur des données scientifiques, est la création de quatre Continental Wildways, de vastes corridors de terres protégées s'étendant d'un océan à l'autre et du nord au sud du Canada, des États-Unis et du Mexique, et offrant suffisamment de Room to Roam© pour protéger la faune et les personnes à long terme. Nous nous concentrons actuellement sur les voies sauvages de l'Ouest et de l'Est.

C'est plutôt mignon qu'ils aient déposé un copyright sur "Room to Roam". Vous pouvez voir leur vision des corridors de vie sauvage sur une carte qu'ils ont établie sur le site WildlandsNetwork.org/Wildways. Il est évident qu'ils ne possèdent pas toutes ces terres, aussi le plan consiste-t-il à les acquérir en droits (parcs publics ou terres interdites à l'activité humaine), par des servitudes de conservation, ou par le biais de restrictions ou de réglementations (superpositions de ressources biotiques, superpositions d'espèces sensibles, etc. dans les plans généraux).

Les droits sur l'eau sont le nouveau champ de bataille, comme vous le savez. Qu'il s'agisse du canal périphérique du delta, des restrictions de la pêche commerciale, de la protection des espèces qui exige le retrait des ruisseaux, de la réduction de la dérivation du débit des rivières ou de la destruction des barrages, tout est fait pour le "bien commun".

Selon l'Agenda 21 des Nations unies, les barrages sont "non durables". Consultez les pages 728 à 763 de l'*évaluation mondiale de la biodiversité des Nations unies* pour découvrir de nombreuses autres constructions et activités ciblées non durables (y compris les terrains de golf et les pistes de ski.) Je ne citerai que deux des très nombreux exemples bizarres du nouvel ordre mondial.

Le premier exemple est la démolition proposée en 2012 des barrages de la rivière Elwha dans l'ouest de l'État de Washington, près de Port Angeles. Présenté comme l'un des plus grands projets de restauration de l'environnement de l'histoire des États-Unis, ce projet permettra de démolir deux barrages générateurs d'électricité et de laisser la rivière Elwha couler librement jusqu'au détroit de San Juan De Fuca pour la première fois en 100 ans. Les saumons pourront à nouveau frayer et repeupler leurs rangs appauvris. Cette lutte pour la démolition des barrages dure depuis vingt ans. Les échelles à poissons n'ont jamais été installées sur les barrages et les saumons ont dépéri. Lorsque des propositions ont été faites pour construire des échelles à poissons, elles ont été rejetées par les groupes environnementaux car, disaient-ils, l'eau était trop chaude et les poissons avaient besoin d'un habitat restauré. Les critiques ont déclaré qu'il ne s'agissait pas du saumon, mais de Wildlands. Apparemment, les anciens barrages ne produisent pas beaucoup d'électricité. Mais c'est une énergie propre, produite localement, et le coût de la démolition et de la restauration de l'habitat est de 325 millions de dollars. Ce qui est étonnant dans ce projet de démolition, c'est que personne ne sait ce qui va se passer.

Des méthodes de démolition aux inondations et sédiments potentiels, en passant par les systèmes septiques potentiellement inutilisables en aval, le projet est un grand point d'interrogation. Une chose est sûre : les barrages disparaîtront et ils ne seront pas les derniers à être détruits dans le cadre de la grande campagne de restauration des terres sauvages.

La deuxième histoire est un peu sinistre. Drake's Bay se trouve au nord de la Californie, sur la péninsule de Point Reyes. Cette magnifique péninsule qui fait face à l'océan fait partie du Point Reyes National Seashore. La Drake's Bay Oyster Company récolte des huîtres dans la baie depuis plus de 70 ans. Leur bail avec le National Park Service arrivant à expiration en 2012, ils ont demandé une prolongation. Malheureusement pour elle, le Service des parcs nationaux veut faire de la zone une "zone de nature sauvage". Selon le service national des forêts du ministère américain de l'agriculture, une "zone de nature sauvage" est définie de la manière suivante :

> La nature sauvage est "une zone où la terre et sa communauté de vie ne sont pas entravées par l'homme, où l'homme lui-même est un **visiteur qui ne reste pas**".

> Une zone de nature sauvage est en outre définie dans le Wilderness Act comme "une zone de terres fédérales non développées conservant son caractère et son influence

primitifs, sans améliorations permanentes ni habitation humaine, qui est protégée et gérée de manière à préserver ses conditions naturelles et qui (1) semble généralement avoir été affectée principalement par les forces de la nature, l'empreinte du travail de l'homme étant pratiquement imperceptible ; (2) offre des possibilités exceptionnelles de solitude ou d'un type de loisirs primitifs et non confinés ; (3) possède au moins cinq mille acres de terrain ou est d'une taille suffisante pour permettre sa préservation et son utilisation dans un état intact ; et (4) peut également contenir des caractéristiques écologiques, géologiques ou autres ayant une valeur scientifique, éducative, pittoresque ou historique."

Il y a un problème, comme vous pouvez le voir. La Drake's Bay Oyster Company est installée à cet endroit depuis sept décennies, soit environ trois décennies de plus que l'existence du National Seashore.

La zone étant désormais considérée comme une "zone sauvage potentielle", le service des parcs voulait faire son inventaire et voir s'il était possible de restreindre davantage les utilisations aux "visiteurs qui ne restent pas". S'ils pouvaient supprimer toutes les améliorations permanentes dans le National Seashore, ils seraient en mesure de changer le statut de la zone en "zone sauvage désignée". À cette fin, ils ont installé une caméra de surveillance dans la baie et enregistré les mouvements des employés du parc ostréicole dans l'espoir de trouver des infractions. Bien qu'ils aient enregistré plus de 250 000 images, aucune d'entre elles ne montrait de dommages aux phoques communs ou à l'environnement. Alors qu'a fait le Service des parcs ? Il a caché cette information afin de pouvoir dire que le parc ostréicole était une menace pour l'environnement et qu'il devait perdre son bail. Le journal *San Francisco Chronicle* a rapporté le 24 mars 2011 que :

Le sénateur Dianne Feinstein a accusé mercredi le ministère américain de l'intérieur de minimiser les preuves de mauvaise conduite de la part de scientifiques du service des parcs nationaux qui voulaient apparemment faire expulser une exploitation populaire de coquillages de Drakes Bay.

Le bureau de l'avocat du ministère de l'Intérieur a publié mardi un rapport décrivant ce qu'il a qualifié de travail biaisé, inapproprié et truffé d'erreurs de la part de scientifiques. Mais il a conclu que le comportement ne s'élevait pas au niveau d'une "inconduite scientifique" intentionnelle — et que rien de criminel ne s'est produit.

Le gros titre disait que c'était une "erreur" mais ce n'en était pas une, n'est-ce pas ? C'était délibéré, et ça a été fait dans le but de déclarer une zone "sauvage".

Sans limites. Primitif. Primitif. Terres sauvages.

Dans les zones rurales où les gens vivent et travaillent, d'autres méthodes sont utilisées pour les éloigner de la terre. La surveillance des puits d'eau et le refus de construire des fosses septiques font partie de la détermination que vous n'êtes pas propriétaire du centre de la terre et du ciel au-dessus, comme vous le pensiez. Les protections environnementales sont importantes pour garantir une eau propre et des populations animales saines, mais il s'agit souvent d'un vernis du masque vert qui cache le fanatisme et le contrôle de l'Agenda 21 de l'ONU. L'inventaire et le contrôle total de toutes les ressources naturelles sont en cours actuellement. Un exemple d'une autre façon d'éliminer les populations humaines rurales est la décision prise par les superviseurs du comté de Sonoma en décembre 2010 de ne paver que 150 miles des plus de 1 380 miles de routes rurales du comté. Un article paru le 31 décembre 2010 dans le Santa Rosa Press Democrat indique que le financement fédéral favorise les zones plus urbaines et peuplées et qu'il n'y a pas assez d'argent pour paver les zones rurales. Le plan consiste à pulvériser de nombreuses routes et à les remettre en état de gravier (j'espère qu'ils ont obtenu un rapport d'impact environnemental pour toute cette poussière !)

Pensez-vous que cela aura un impact sur la valeur des propriétés rurales ? Sur l'agriculture ?

Sur l'accès aux marchés ? Cela crée plus de candidats pour les servitudes de conservation ou les ventes pures et simples aux fiducies foncières. Moins de propriété privée. Moins de personnes sur les terres. Moins de terres en production. Moins d'indépendance. Moins de liberté. Et aussi moins de taxes foncières générées pour les budgets des comtés, ce qui contribuera à la spirale du déficit.

Le prix de la tomate pourrie

Rendez-vous au Conseil Rural de la Maison Blanche. Apparemment établi sur le modèle du Conseil présidentiel sur le développement durable, ce conseil extra-gouvernemental composé de plus de vingt-cinq agences gouvernementales remettra l'Amérique rurale au travail, rendra votre tracteur légal, microprotégera vos vaches et... eh bien, je vais laisser le site web du Conseil rural de la Maison Blanche vous le dire :

> *Pour relever les défis de l'Amérique rurale, s'appuyer sur la stratégie économique rurale de l'administration et améliorer la mise en œuvre de cette stratégie, le président a signé un décret établissant le Conseil rural de la Maison Blanche.*
>
> *Le Conseil coordonnera les efforts de l'administration en Amérique rurale en remplissant trois fonctions essentielles. Il devra :*
>
> *1. Rationaliser et améliorer l'efficacité des programmes fédéraux destinés à l'Amérique rurale.*
>
> *2. Engager les parties prenantes sur les problèmes et les solutions dans les communautés rurales*
>
> *3. Promouvoir et coordonner les partenariats avec le secteur privé*

Voilà encore ces partenariats public/privé. Est-ce que "promouvoir et coordonner" signifie choisir les gagnants et les perdants ? Engager les "parties prenantes" ressemble à Delphi. Rationaliser l'efficacité des programmes fédéraux" signifie créer un nouveau niveau de bureaucratie, de réglementation, de restrictions, d'amendes, de pénalités et de surveillance.

C'est peut-être ce qu'ils veulent dire quand ils disent qu'ils veulent remettre l'Amérique au travail. Des emplois locaux pour l'application de l'Agenda 21 de l'ONU.

Comment la régionalisation s'inscrit-elle dans ce contexte ?

La régionalisation. Si vous ne savez pas encore ce que c'est, vous le saurez bientôt. C'est l'étape intermédiaire sur la route de la mondialisation. La création d'un autre niveau de gouvernement qui n'est pas élu et qui n'a pas de comptes à vous rendre. Un conglomérat de municipalités qui adoptent de nouvelles lois et de nouveaux objectifs qui supplantent leurs lois locales — puis elles se retourneront vers la communauté locale en disant qu'elles sont tenues de mettre leurs lois locales en conformité. Une manipulation destinée à ôter toute souveraineté aux collectivités locales qui s'arrachent les subventions au lieu de s'apercevoir qu'elles sont en train de se jeter dans le vide. Maintenant, certaines planifications devraient être régionales. Les transports, par exemple, n'auraient aucun sens si les routes n'étaient pas reliées les unes aux autres à la sortie de votre ville ou de votre comté. Mais la régionalisation lie pour la première fois le logement et le financement des transports dans un effort de type "jouer le jeu ou mourir de faim". Les agences régionales travaillent avec le gouvernement fédéral et des organisations à but non lucratif comme ICLEI pour piéger les habitants. Pourquoi ? Parce que le but est un gouvernement mondial unique. Vraiment. Les régions peuvent désigner des groupes de comtés, des groupes d'États et, finalement, des groupes de nations, comme l'Union européenne. Finalement, on passera à un gouvernement unique. Il s'agit d'un transfert progressif de droits, qui commence au niveau local.

L'histoire suivante se déroule dans la région de la baie de San Francisco, mais il se peut qu'elle soit déjà dans votre région. Si ce n'est pas le cas, elle le sera bientôt.

Les réunions Delphi se déroulent en ce moment dans les neuf comtés de la baie de San Francisco. Le public y assiste pour une séance de propagande et pour donner l'illusion qu'il y a eu adhésion du public. Vous savez qu'être "Delphi" signifie que vous avez été soumis à une réunion de vision où le résultat était déjà acquis avant même que vous n'entriez dans la pièce. Ils appellent cela "VOUS CHOISISSEZ", mais en réalité, la seule chose qui en fait votre choix est que vos impôts paient pour cela et que cela vous sera imposé. Dans ce cas, il s'agissait de OneBayArea, mais dans votre région, il s'appellera autrement, quelque chose de régional. Il s'agit avant tout d'un plan de transport, mais ce n'est qu'une excuse pour créer un énorme plan directeur basé sur le redéveloppement qui inclut des restrictions d'utilisation du sol. En fait, il s'agit d'un modèle d'habitation "stack-em and pack-em"[1] pour un énorme plan de l'Agenda 21/ICLEI de l'ONU. Il s'agit de vous faire quitter votre maison rurale ou de banlieue pour vous installer dans un appartement ou un condominium étroitement conçu, facilement contrôlable, sans espace pour votre voiture et avec des transports publics de mauvaise qualité. On vous dira que les gens ne prendront les transports en commun que s'ils sont entassés dans les centres-villes et que l'abandon des voitures est le principal moyen de réduire les gaz à effet de serre.

---

[1] "Entassez-les et emballez-les" Ndt.

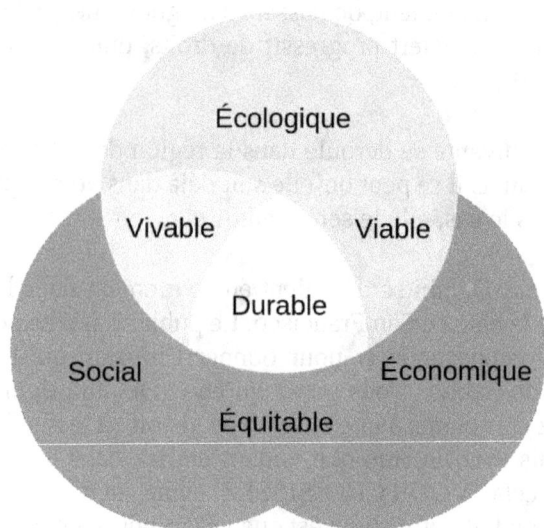

Le logo du développement durable

Et les voitures électriques ? On nous dit que conduire est antisocial et qu'en plus nous avons besoin d'exercice ! Les animateurs, d'ailleurs, sont de parfaits hypocrites qui vivent dans des maisons unifamiliales… il suffit de leur demander.

Et ils ont aussi pris leur voiture pour se rendre jusqu'à la réunion.

Le masque vert

L e masque vert, c'est la promesse que vous respirerez un air plus pur, moins de pollution, plus de temps pour vos familles, des emplois verts, des coûts plus bas et une vie meilleure, plus vivante, où l'on peut se déplacer à pied et à vélo. L'objectif est d'homogénéiser la région de la baie et le pays avec une "croissance intelligente", c'est-à-dire des développements de logements et de commerces subventionnés par vos taxes foncières et de transport. L'idée est que lorsque tout le monde vivra le long des voies ferrées ou d'une ligne de bus, il sera plus rentable de faire fonctionner les transports en commun. Il y aura moins d'endroits à visiter et plus de gens pour les emprunter. Il y aura moins de pollution car personne n'aura de voiture. Les loyers seront bon marché car les logements seront petits. De petites unités signifient une faible consommation d'énergie. Vous n'aurez pas de jardin, donc vous ne gaspillerez pas d'eau pour les plantes. Il ne pleuvra ou neigera jamais, quel que soit l'endroit où vous vivrez, donc tout le monde pourra aller partout à vélo. Tout le monde sera heureux, les enfants seront en sécurité, il y aura beaucoup de temps pour boire un café dans le café du bas, et il n'y aura pas de crime parce que tout le monde surveille tout le monde. Tout le temps.

OK, allons à la réunion. Si vous n'avez jamais participé à une réunion Delphi, vous allez avoir un choc. Bien que les animateurs disent qu'il s'agit d'écouter votre opinion, en fait, si vous osez dire quelque chose ou poser une question qui n'est pas en accord avec la machine de propagande, vous serez rabroué. Oui, des Américains soi-disant décents de votre propre ville vous crieront dessus comme une foule sauvage et vous diront qu'ILS NE VEULENT PAS SAVOIR d'où vient le financement du projet. ILS NE VEULENT PAS SAVOIR combien le projet leur coûte. ILS NE VEULENT PAS SAVOIR pourquoi l'ensemble du plan/projet a été conçu à l'avance alors qu'il est censé être façonné par le public. Combien cela coûte-t-il ? 200 000 000 000 $. Cela représente 200 milliards de dollars sur les vingt-cinq prochaines années, rien que dans la baie de San Francisco.

Si vous voulez garder votre ville telle qu'elle est aujourd'hui, on l'appelle "Business As Usual" et on vous fait honte. Le choix que vous êtes censé faire est celui de "l'avenir planifié", avec un développement urbain de plus en plus important et un contrôle accru du gouvernement. Les animateurs s'en prennent à vous si vous ne voulez pas suivre le programme. Attendez-vous au mépris, à la honte, à l'isolement et aux remarques désobligeantes. La salle est remplie de représentants élus, d'employés du gouvernement, de groupes à but non lucratif, de membres de conseils d'administration et de comités qui s'assurent que le résultat est le "bon".

Comment je sais que ça arrive ? Parce que ça m'est arrivé. La semaine dernière encore. Je me suis fait engueuler par des gens que je connais, des gens du gouvernement et des organisations à but non lucratif, qui étaient furieux que je pose des questions auxquelles tout le monde devrait s'attendre à une réponse. Ai-je fait une scène ? Est-ce que je criais ? Non, j'étais calme, habillé d'un costume d'affaires, et je disais la vérité. C'est une menace dans les réunions de ce type. La dernière chose qu'ils veulent, c'est un public informé. Cela arrive chaque fois que je vais à une réunion. En fait, je m'y habitue, et c'est vaguement amusant de voir votre maire vous crier qu'elle ne veut pas savoir quel sera l'impact sur la ville. La réunion était filmée — il y avait plusieurs équipes de tournage. J'y suis retourné et je leur ai demandé s'ils avaient l'intention de couper mes remarques et celles des autres personnes qui avaient soulevé des objections. Ils n'ont pas voulu me regarder ni me répondre. J'ai reconnu le directeur du centre médiatique public local et lui ai demandé si cela allait être diffusé sur la télévision d'accès public, mais il a répondu qu'il ne le savait pas.

Il avait l'air honteux.

Vous vous demandez peut-être si les responsables de votre gouvernement connaissent l'Agenda 21 des Nations unies/le développement durable. Oui. Ils le savent. Dans un instant, je vous expliquerai comment anti-delphiquer une réunion. Mais voyons maintenant la régionalisation.

La régionalisation est l'étape intermédiaire de la mondialisation, et la méthode par laquelle les lois, les règles et les règlements peuvent être normalisés de sorte que vous ne pouvez pas y échapper. La tendance régionale est de limiter le développement futur aux zones de réaménagement et aux zones de développement prioritaires. UNIQUEMENT. Vous avez compris ? Si vous possédez un terrain en dehors de ces zones, vous ne pourrez peut-être pas y construire. Je n'ai pas dit "terrain en dehors des limites de la ville", non. Un terrain en dehors d'une zone de réaménagement, en dehors d'une petite section d'un étroit couloir de transport de 1/4 de mile de large peut ne pas être constructible. C'est stupéfiant. Si votre ville veut obtenir une part de l'important financement pour le transport et la planification, elle doit accepter que, pour les 25 prochaines années, le développement résidentiel ne se fasse que dans les zones de développement prioritaires. Pourquoi le font-ils principalement dans les zones de redéveloppement ? Parce qu'ils y ont le pouvoir d'expropriation et peuvent prendre votre terrain contre votre gré. Toutes les nouvelles constructions destinées à répondre à l'augmentation de la population pendant 25 ans se feront dans une petite zone. C'est pourquoi ils les appellent les zones de développement prioritaires. La ville et le comté peuvent prélever les taxes foncières dans cette zone pour les 30 à 45 prochaines années et les utiliser pour rembourser la dette obligatoire et payer leurs copains pour développer la croissance intelligente. Vous entendez ce tonnerre ? Ce sont les vendeurs qui courent pour vendre leurs biens en dehors des zones de redéveloppement ou de développement prioritaire et les acheteurs qui courent pour acheter dans ces zones. Mais discrètement, furtivement, parce que vous ne vous êtes pas encore réveillés.

Dans la région de la baie de San Francisco, ces réunions public-privé sont organisées par deux groupes régionaux : la Metropolitan Transportation Commission et l'Association of Bay Area Governments (ABAG). Dans votre région, ils porteront un nom similaire, tel que Metropolitan Planning Organization (MPO) et Council of Governments (COG). Ces deux groupes de planification régionale sont composés de membres du conseil municipal et de superviseurs de comté sélectionnés dans toute la "région", qui sont chargés de mettre en place les stratégies de communautés durables de l'Agenda 21 des Nations unies. Ils s'associent à des groupes à but non lucratif comme Greenbelt Alliance, qui sont eux-mêmes composés d'organisations membres comme Pacific Gas and Electric, le Sierra Club, l'Agence américaine de protection de l'environnement, etc. En s'associant à un groupe privé comme Greenbelt Alliance, votre gouvernement peut accorder des subventions à des organisations privées qui, en tant que consultants, concevront des formations sans votre surveillance ni vos connaissances.

Les membres de ces groupes font des allers-retours entre le gouvernement et les groupes à but non lucratif et peuvent ensuite définir des politiques publiques dont ils bénéficieront personnellement lorsqu'ils seront de retour dans le secteur privé. Les lignes sont floues entre le public et le privé. Il existe des lois très strictes régissant l'accès du public à l'information, et des lois strictes régissant la bonne conduite des élus. Les lois stipulent que tout ce qui touche le public doit être mené publiquement.

Mais la configuration de ces groupes fait qu'il vous est pratiquement impossible de les suivre et votre journal ne vous informera pas de leurs groupes de travail, groupes d'étude, réunions du conseil d'administration, retraites et sessions stratégiques.

Ces agences travaillent avec un modèle qu'elles ont reçu de l'ICLEI, qui urbanise chaque zone ciblée et vide progressivement les communautés rurales et suburbaines dans la ville. Le processus est de plus en plus rapide à mesure qu'ils se rapprochent de leur objectif. Les documents de planification de chaque ville et comté sont normalisés et alignés sur cette idée. L'utilisation mixte ne fonctionne que dans les zones fortement urbanisées où il y a suffisamment de résidents pour soutenir le commerce de détail. San Francisco est un exemple d'endroit où cela peut fonctionner, mais même là, les densités prévues sont beaucoup plus élevées que ce qui existe actuellement. En général, les petites villes ne peuvent pas supporter ce modèle.

En évaluant récemment un centre commercial dans une très petite ville, j'ai trouvé un article intéressant dans le journal local, *The Valley Mirror*. L'article de Doug Ross du 28 novembre 2008 est une transcription inhabituelle d'une réunion conjointe entre les membres du conseil et les superviseurs de trois petites villes et d'un comté de Californie centrale. Cette région rurale envisage de supprimer les services de police locaux et de créer une agence de maintien de l'ordre, un service de travaux publics et un système de bibliothèques à l'échelle du comté. Un superviseur du comté a déclaré : "Nous pourrions être amenés à désincorporer les villes et à former un gouvernement unique ville-comté. Nous sommes livrés à nous-mêmes. Nous sommes — je ne veux pas le dire — 'foutus' financièrement. Je déteste le régionalisme, mais à moins que nous ne parvenions à sortir une tarte de l'air, le comté de Glenn va se faire laminer financièrement par de plus grandes régions." Ces petites communautés vont disparaître. De manière significative, ces élus misérables ont eu droit à un petit discours d'encouragement menaçant de la part d'une femme d'un groupe à but non lucratif qui organise des subventions pour des programmes énergétiques. Voici ce qu'elle a dit : "San Bernardino et Stockton ont été poursuivis par le procureur général lorsqu'ils ont déployé leurs plans généraux sans plan d'atténuation des émissions. Stockton a rencontré le procureur général et a accepté d'inventorier les émissions de gaz à effet de serre par catégorie. Aujourd'hui, c'est l'une des villes les plus vertes de l'État." Oui, Stockton venait de rejoindre l'ICLEI.

À mesure que de plus en plus de régions sont créées, identifiées et superposées aux gouvernements locaux et d'État, il y aura davantage de législation régionale et moins de contrôle local. Le gouvernement local existera uniquement pour mettre en œuvre les réglementations régionales sur le plan administratif.

La souveraineté séparée disparaîtra. Lorsque des groupes d'élus de différentes régions se réuniront dans des conseils régionaux, vous n'aurez aucun moyen de les éliminer collectivement et vous devrez vous rendre dans un centre régional pour assister à des réunions ou faire des objections aux nouvelles lois.

Vos droits en tant qu'électeur seront dissous dans le consensus du communautarisme.

Nous savons quand tu as dormi

C'est de l'ingénierie sociale. Vous quittez votre maison rurale ou de banlieue, où vous connaissez tous vos voisins et où vous avez une vraie communauté, pour une "communauté" artificielle, transitoire et illusoire. La réalité est qu'un grand nombre de personnes entassées dans un petit espace exerce une pression sur les services, nécessite d'énormes et coûteuses nouvelles canalisations d'eau et d'égouts, et peut conduire à un taux de vacance élevé, à la criminalité et à un mauvais entretien. Ces développements sont conçus pour offrir un minimum d'intimité et pour permettre aux agences de contrôle de l'énergie et de l'eau de limiter votre consommation sans votre consentement.

Sous couvert d'environnementalisme, le stress de la vie augmentera grâce à une réglementation et des restrictions accrues. Toutes les villes seront les mêmes. Où vivrez-vous ? Dans un appartement ou une copropriété avec un conseil d'administration d'une association de propriétaires ou d'un conseil de résidents qui surveillera votre comportement. Si vous jouez du saxophone, si vous vous disputez avec votre partenaire, si vous brûlez de l'encens, si vous étendez votre linge ou si vous pratiquez toute autre activité interdite, vous risquez de perdre votre logement ou de recevoir une amende. Vous aurez très peu d'endroits où aller qui soient complètement privés. Notre culture actuelle nous conditionne à nous habituer à la perte de la vie privée. N'est-ce pas ce qu'est Facebook ?

Et que dire de l'envoi constant de SMS ? Et la télé-réalité ? Vous serez humilié si vous voulez de l'intimité. Même les programmes en 12 étapes exposent vos problèmes les plus intimes à tous ceux qui s'y présentent. Est-ce que cela vous dérange ?

Qu'est-ce que vous cachez ? Vous cachez la caméra intégrée de votre ordinateur portable ?

Les jeunes du monde entier grandissent avec une vision de la vie complètement différente de celle de leurs parents. Et il faut dire l'évidence : C'est un mouvement mené par les jeunes. Si vous avez moins de 35 ans, vos attentes sont très différentes de celles de vos parents. Vous n'obtiendrez peut-être jamais un emploi décent. Votre diplôme universitaire est dans le chômage durable et vert. Vous n'aurez peut-être jamais votre propre maison. Vous ne travaillerez peut-être jamais plus de cinq ans pour la même entreprise.

Votre concept de loyauté pourrait être compromis. Votre sentiment de dépendance à l'égard des programmes gouvernementaux sera élevé. Vous ne serez peut-être jamais libéré de vos dettes. Les jeunes sont endoctrinés par l'éducation basée sur les résultats pour accepter une qualité de vie inférieure, une vie collective. On leur apprend à être obéissants, à donner les "bonnes réponses" aux questions des tests, à travailler dans une "cohorte" et à se considérer comme une menace pour la planète. À moins que vous ne soyez assez riche pour fréquenter une école privée de l'Ivy League, vous n'apprendrez que ce qui figure dans le test. Vous n'apprendrez pas à apprendre ou à penser de manière indépendante. C'est un élément fondamental de l'Agenda 21, qui vise à creuser le fossé entre les riches et les pauvres. Oui, c'est aussi le masque vert. C'est un modèle communautaire qui consiste à accepter une perte des droits individuels comme faisant partie du bien commun, d'une seule et même planète.

J'ai remarqué que l'ICLEI-USA, si vous effectuez une recherche sur elle en tant qu'employeur, montre qu'elle emploie environ 220 personnes, d'un âge médian de 29 ans, et 55% de femmes.

Ces jeunes femmes reçoivent-elles un salaire décent ou ont-elles seulement les moyens de se payer un appartement dans l'un des immeubles locatifs urbains à haute densité situés à côté d'une voie ferrée ?

Le recrutement pour les groupes dissidents semble se concentrer sur les inadaptés, les extrémistes, les fanatiques et, en général, sur ceux qui sont régis de manière rigide et contrôlables par les "chefs de groupe". Les groupes environnementaux sont passés de ceux qui aiment faire des randonnées et apprécier le plein air à ceux qui ont un programme d'ingénierie sociale. Il existe un programme mis en place par Sonoma County Conservation Action, un groupe environnemental politique qui soutient des candidats, appelé "Know Your Neighbor". Ce programme est également mis en avant lors des Neighborhood Summits, ces ateliers parrainés par la ville et les ONG au cours desquels les chefs de quartier sont sélectionnés. Une jeune femme très sympathique en était chargée. Elle est venue à ma porte pour m'en parler. L'objectif était d'avoir quelqu'un dans chaque quartier qui connaisse tout le monde et qui connaisse également leurs opinions politiques afin qu'ils puissent s'engager lorsque des questions sont soumises au vote. SANS BLAGUE.

Il y a autre chose qui doit être dit à propos de l'ingénierie sociale. La plupart d'entre nous, environ une minute après avoir entendu parler de l'Holocauste pour la première fois, se sont demandés si nous étions le genre de personnes capables de commettre de tels crimes. Si nous étions honnêtes avec nous-mêmes, nous disions non, mais nous éprouvions alors une sorte de vague sentiment de malaise. Pouvions-nous en être sûrs ?

Dans les années 1970, le professeur Philip Zimbardo a mené l'expérience de la prison de Stanford à l'université de Stanford. Ce psychologue voulait voir si des étudiants se tortureraient entre eux si on leur en donnait la permission. Il a installé une "prison" dans le sous-sol de l'université, a désigné au hasard certains étudiants comme prisonniers et d'autres comme geôliers, et a observé. L'expérience a dû être interrompue en raison de la brutalité des geôliers, qui n'étaient que des étudiants ordinaires. Combien de temps cela a-t-il duré ? Six jours.

Eh bien, devinez quoi ! Tu vas avoir l'occasion de voir de quoi tu es capable, si ce n'est déjà fait.

Peut-être faites-vous partie de ces faibles qui ont déjà pris le train en marche pour espionner leur voisin pour "leur propre bien" (Community Oriented Policing, Asset Based Community Development, Neighborhood Watch, exclusion de personnes des groupes de voisinage, dénonciation d'un voisin qui fume dans son appartement...). La flatterie est un grand manipulateur.

DIS-MOI ROD, ÇA TE DÉRANGE SI JE T'EMPRUNTE UNE TASSE DE CRÉDITS CARBONE ? J'AI DÉPASSÉ MON QUOTA MENSUEL.

Peut-être vous demandera-t-on de raisonner un voisin — on vous dira que vous êtes un initié si important, hé, le maire vous remerciera !

Il en faudra peut-être un peu plus pour vous pousser à bout. Lorsque votre enfant rentrera à la maison et vous dira : "La mère de Billy dit que tu es fou si tu ne soutiens pas le Boulevard cyclable, et elle est furieuse que tu n'ailles pas dans le sens du quartier", le ferez-vous ?

Peut-être que vous vous cacherez dans l'anonymat car cela pourrait vous coûter votre emploi de vous lever.

Vos enfants sont-ils endoctrinés à 100% par l'Agenda 21 des Nations Unies — le développement durable ? Qu'est-ce que cela va signifier pour les conversations à table ? Allez-vous rester silencieux ?

Il ne faut pas grand-chose pour détruire un tissu social. Juste une volonté d'aller dans ce sens. Et la peur d'être blessé ou impopulaire si on ne le fait pas. Des études montrent que les gens préfèrent subir des blessures physiques plutôt que d'être rejetés par leurs voisins. La résistance à ce mouvement est croissante. Vous lisez ceci. Vous y pensez. Ce n'est pas une émission de télévision, ce n'est pas un drame, et ce n'est pas un jeu. C'est votre vie. Tout le monde peut être un bon Allemand. Les nazis l'ont fait lentement. Ils ont mis des années à se mettre au diapason. Ils n'ont pas été pris au sérieux au début, mais ils ont manipulé le système de manière stratégique. Ils ont serré les vis, restreint les choix, récompensé les mouchards et éliminé les courageux. Ferez-vous partie de la résistance ?

Notre voyage vers la vérité commence

Je vais vous raconter l'histoire de ma découverte de l'Agenda 21 de l'ONU. Je pense qu'il est important de voir comment deux personnes sans méfiance sont tombées dans la fosse aux serpents et ont survécu.

Je suis un démocrate, et ce depuis ma première inscription sur les listes électorales en 1974. La pertinence de mon affiliation à un parti tient au fait que j'ai toujours été un libéral. Je n'ai voté qu'une seule fois pour un républicain, et c'était l'année dernière, après avoir dénoncé le candidat démocrate à l'Assemblée, Michael Allen, à la Commission des pratiques politiques équitables pour un grave conflit d'intérêts. Il a été reconnu coupable et condamné à une amende… après avoir été élu.

Je suis pro-choix, anti-guerre, féministe et gay. Kay et moi nous sommes mariés légalement le jour de notre 16e anniversaire en 2008 en Californie. Pendant plus de trente ans, j'ai organisé des prises de parole, participé à des manifestations et distribué des pétitions. Je pensais que Bush avait volé les élections. Deux fois. J'ai su pour le 11 septembre dès que j'ai vu les tours s'effondrer, et je n'ai jamais cru à l'histoire officielle. J'ai toujours été impliqué dans les questions nationales mais, après avoir lu *Dude, Where's My Country* de Michael Moore, j'ai décidé de suivre son conseil et de m'impliquer au niveau local.

En 2004 et 2005, Kay et moi avons acheté des biens d'investissement à Santa Rosa, en Californie, à environ une heure de chez nous. Cela semblait être un bon investissement et nous aimions l'attrait de la petite ville de Santa Rosa, une ville d'environ 170 000 habitants. Après avoir transformé notre propriété en la peignant et en l'aménageant, nous avons incité nos voisins de la petite rue commerciale du centre-ville à faire de même. La zone commençait à être connue comme un quartier artistique excentrique avec des galeries et des studios locaux. En 2005, des propriétaires voisins sont venus me demander si je voulais me présenter à l'élection d'un conseil de surveillance des citoyens pour la nouvelle zone de redéveloppement Gateways en cours de création dans le centre-ville. Apparemment, ce projet était en préparation depuis un certain temps mais, comme il ne s'agit pas d'une question de divulgation immobilière, nous n'en savions rien. Les voisins ont pensé que, puisque je suis un évaluateur commercial ayant des dizaines d'années d'expérience en matière de domaine éminent et d'aménagement du territoire, je serais un excellent représentant pour eux au sein du comité. C'était pour moi l'occasion de rendre service à la communauté, et j'ai accepté de me présenter pour un siège.

Bien que j'aie évalué des centaines de propriétés, notamment des centres commerciaux, des vignobles, des concessions automobiles, des terrains de golf, une scierie, une carrière de sable et de gravier, une raffinerie de pétrole et des immeubles de bureaux dans les neuf comtés de la région de la baie de San Francisco ainsi que dans le comté de Los Angeles, je ne connaissais pas grand-chose au redéveloppement. Bien sûr, j'avais été stupéfait lorsque, quelques mois auparavant, la Cour suprême des États-Unis avait décidé, dans l'*affaire Kelo vs City of New London, Connecticut*, qu'il n'était pas nécessaire de déterminer qu'une propriété ou une zone était "délabrée" pour créer une zone de projet de réaménagement. La Cour suprême, dans une décision choquante qui a scandalisé la nation, s'est rangée du côté de la ville et a décidé que si une municipalité pensait pouvoir augmenter ses recettes fiscales en prenant votre terrain par expropriation et en le donnant ou le vendant à quelqu'un qui en ferait un usage plus rentable et plus générateur de taxes, elle pouvait le faire. Oui, la décision était que si vous aviez une petite entreprise sur votre propriété et qu'une plus grande entreprise se présentait et disait : "Hé, M. le directeur municipal, nous avons une "vision". Nous aimons vraiment cet emplacement et nous pouvons vous payer beaucoup plus de taxes de vente et de taxes foncières que le petit gars qui possède cette propriété maintenant", la ville pouvait vous prendre même si vous aviez la propriété rentable la mieux entretenue du quartier. C'est pour le "plus grand bien" — une véritable décision communautaire.

Comme vous vous en souviendrez, le cinquième amendement de la Constitution américaine donne au gouvernement le "droit de prendre" une propriété par éminence pour un usage public, à condition que le propriétaire reçoive une juste compensation. J'approuve ce principe et, pendant la majeure partie de ma carrière, j'ai travaillé pour le ministère californien des transports, où j'ai évalué les biens nécessaires à la construction de routes. Il est nécessaire que le gouvernement ait recours à l'expropriation pour des projets qui sont clairement dans l'intérêt du public, comme les projets routiers ou de services publics. Mais la nouvelle décision de la Cour suprême a modifié la définition de l'"usage public", de sorte que tout ce qui rapporte plus d'argent à une ville est considéré comme un usage public. Je me souviens avoir pensé à l'époque que ces juges de la Cour suprême penseraient peut-être différemment si un promoteur offrait de démolir leurs maisons pour y construire une usine, comme ce fut le cas dans l'affaire *Kelo*. À propos, puisque nous en parlons, Suzette Kelo a perdu sa maison, ainsi que tous les habitants de son quartier, mais plus tard, le géant pharmaceutique Pfizer, qui avait prévu de construire une usine à cet endroit, a changé ses plans, a fermé ses installations à New London, et tout le quartier n'est plus qu'un grand terrain vague. Combien de taxes foncières la ville perçoit-elle maintenant? Aucune.

Revenons à mon histoire. Lorsque je me suis présenté à l'élection du comité du projet de zone de redéveloppement de Gateways le 5 août 2005, j'avais déjà fait quelques recherches. Je savais que la loi californienne était plus sévère que celle du Connecticut, et que *Kelo* ne s'appliquait pas ici. En Californie, il fallait constater l'état de délabrement d'une zone avant de pouvoir la réaménager. La zone du projet était énorme. D'une superficie de plus de 1 300 acres, elle s'étendait de l'extrémité sud de la ville jusqu'à l'extrémité nord, des deux côtés de l'autoroute qui divise la ville en deux. Plus de 10 000 personnes vivaient et travaillaient dans cette zone. J'ai été surpris que la ville puisse dire qu'une si grande partie de son noyau central était délabrée. Il y avait déjà quatre autres zones de redéveloppement dans les limites de la ville qui étaient "délabrées". Avec l'ajout de cette nouvelle zone, cela porterait le total des zones délabrées à cinq miles carrés et demi. La dégradation est un terme de jargon très complexe qui fait référence à la condition physique et économique d'une zone.

Vous trouverez cette définition dans la section 33030-33039 du California Health and Safety Code si vous êtes intéressé, mais en gros, elle dit que pour être "délabrée", la zone doit être caractérisée par une condition si grave et si répandue qu'elle constitue un fardeau pour la communauté, et que personne n'investira dans cette zone ou ne fera quoi que ce soit pour l'améliorer à moins que le gouvernement n'intervienne et offre des incitations. Ça a l'air plutôt sérieux, non ? Je ne pensais pas avoir vu quelque chose comme ça, mais je me suis dit qu'ils savaient ce qu'ils faisaient.

Je me suis également dit que la ville serait ravie que je fasse partie du comité, puisque je suis un professionnel et que je pourrais les aider à expliquer les choses aux autres membres du groupe. J'avais tort.

Alors que j'attendais dans l'auditorium bondé pour faire mon "discours de campagne", j'ai été étonné de voir que tant de personnes voulaient faire partie de ce comité. Des promoteurs, des propriétaires de sociétés d'ingénierie, des avocats, des expéditeurs de permis, d'anciens candidats au conseil municipal et un animateur de talk-show se disputaient tous les postes. Lorsque mon tour est arrivé, j'ai raconté mon expérience à la foule, puis j'ai dit : "Tout est question de dégradation. S'il n'y a pas de dégradation, il n'y a pas de justification pour le projet." Kay m'a dit plus tard que l'employé de la ville chargé du projet s'est levé d'un bond et a commencé à faire les cent pas de manière agitée à ce moment-là. J'ai dit à la foule que j'avais été un expert de l'utilisation des terres et de l'évaluation des propriétés pendant de nombreuses années, et que je suis un témoin expert qui témoigne dans des litiges sur ces questions. J'ai promis d'écouter les citoyens et de m'assurer que tout était en ordre pour cette zone extrêmement vaste. Nous avions le droit de savoir ce qui était prévu pour cette zone, et jusqu'à présent, personne de la ville ne nous avait donné la moindre information. J'ai reçu des applaudissements nourris et j'ai été élu avec le plus grand nombre de voix. Nous devions nous réunir tous les mois dans une petite salle de l'arrière d'un bâtiment auxiliaire de la ville, après sa fermeture pour la journée.

Le réveil

Même si je n'avais jamais entendu parler de la technique Delphi, je savais que quelque chose n'allait pas dans les réunions mensuelles du comité.

Intuitivement, Kay et moi avons décidé que, même si elle assisterait à chaque réunion avec moi, nous conduirions séparément, n'arriverions jamais ensemble et ne nous reconnaîtrions jamais. Elle était le seul citoyen membre de l'audience, au début. Les réunions étaient dirigées par deux avocats que la ville avait engagés pour le projet, et étaient transcrites par un sténographe judiciaire. On nous a dit qu'il n'y avait pas de plans réels pour la zone mais que la ville nous dirait plus tard ce qu'elle allait faire. Les avocats ont gaspillé chaque réunion avec des détails banals et ennuyeux et ont dit que nous voterions dans un mois ou deux sur le projet. Ce n'était qu'une formalité, disaient-ils, et nous pouvions suggérer des choses que nous aimerions voir dans la zone du projet, comme des bancs de parc et des supports à vélo. Notre vote et nos recommandations seraient transmis au conseil municipal, qui adopterait ensuite l'ordonnance. Ils semblaient pressés que nous fassions quelques recommandations superficielles et que nous votions pour le projet.

Lors de la deuxième réunion, j'ai demandé les livres du projet. J'ai l'habitude de lire les rapports d'impact sur l'environnement et les plans des projets et il me semblait bizarre que la ville ne nous fournisse rien. L'avocat a dit que ce n'était pas nécessaire. J'ai dit : "J'ai regardé la loi et elle dit que c'est à nous de voter pour ou contre le projet en fonction de ses mérites. Nous avons besoin de ces livres de projets. L'avocat s'est mis en colère. Nous n'avons pas de copies pour vous, a-t-elle dit. Si vous les voulez, vous devrez les payer.

Kay et moi en avons acheté une série et ils ont été nos livres de chevet pendant les quatre années suivantes. Remplis de cartes, de copies des registres d'application du code, d'analyses financières, de graphiques de la valeur des propriétés et de données sur les locations, ces livres contenaient les réponses à mes questions. Quand j'étais enfant, ma mère m'a offert un livre intitulé " *Comment mentir avec les statistiques* " afin que je ne me laisse pas duper par la manipulation des données. Il est rapidement devenu évident que le cabinet d'études que la ville avait engagé pour trouver des dégradations était familier avec ces techniques.

Nous avons commencé par examiner ce qu'ils ont dit de nos propres propriétés.

Nous possédons un petit immeuble de placement multi-résidentiel sur le plus grand parc de la ville. Les données étaient fausses. Elles montraient qu'il y avait des violations du code en suspens sur la propriété. Nous savions, parce que nous avions vérifié auprès du service de construction de la ville avant d'acheter, qu'il n'y avait aucune violation du code en suspens. Des années auparavant, il y en avait eu, mais cela avait été réglé il y a longtemps. Kay et moi nous sommes regardés et avons réalisé que si les premières propriétés que nous avons vérifiées, au hasard, comportaient des informations falsifiées, il y avait de fortes chances qu'il y ait un problème de dégradation et un problème avec l'ensemble du projet. En poursuivant notre analyse, nous avons découvert qu'il y avait littéralement des centaines d'"erreurs", et que presque toutes étaient en faveur du projet.

En voici un exemple. Vous vous souvenez que le délabrement est une situation qui constitue une telle menace pour la santé et la sécurité, une situation physiquement et économiquement déprimée, si répandue et si importante, que personne n'investirait d'argent dans la zone à moins que la ville ne lui accorde des subventions. Une façon de le prouver est de montrer que la zone comporte de nombreux terrains vacants. L'idée est que s'il y avait des investisseurs dans la zone, ils achèteraient ces terrains et y construiraient. Nous avons donc pris quelques jours et, avec les cartes des cahiers de projet, nous sommes allés voir chaque "terrain vacant".

Le premier était une cour de récréation d'un collège. Ensuite, nous avons vu des terrains sur lesquels se trouvaient des bâtiments vieux de cinq ans, des parkings de centres commerciaux, un parc municipal, d'autres cours d'école — vous voyez le genre. La plupart des "terrains vagues" comportaient des bâtiments ou étaient utilisés. Mon préféré était l'immeuble de bureaux de trois étages situé juste en face de l'hôtel de ville. Il était là depuis sept ans et faisait double emploi : en plus de figurer sur la liste des terrains vagues, il était également sur la liste des violations du code du bâtiment.

En parlant des violations du code du bâtiment comme justification de l'insalubrité, nous avons des amis et des collègues qui nous disent qu'ils ont été victimes d'amendes excessives et punitives pour l'application du code (avec privilèges). Dans le monde des projets de stabilisation et de revitalisation des quartiers, où l'on se dit "coupable jusqu'à preuve du contraire", les propriétés sont ciblées pour aider à justifier le délabrement. Au cours de la période précédant la déclaration d'un quartier délabré, la ville renforce souvent l'application du code. Il n'est pas rare qu'une propriété soit étiquetée rouge parce qu'elle n'a soi-disant pas de permis pour un garage, par exemple, et que le propriétaire soit harcelé par des amendes et des pénalités.

Lorsque le propriétaire présente le permis, le service chargé de l'application du code peut prétendre l'avoir "perdu", ce qui explique son incompétence ou son abus délibéré. Une autre situation courante est l'étiquetage en rouge de bâtiments légalement non conformes qui datent d'avant le code de zonage. C'est alors au propriétaire de prouver l'âge du bâtiment ou de payer des frais et des pénalités, voire d'être obligé de démolir la structure.

Pendant ce temps, aux réunions, les choses ne se passaient pas très bien. J'avais alerté les avocats et le comité sur le fait qu'il y avait de graves erreurs qui mettaient en péril les conclusions sur le délabrement. Le président, un expéditeur de permis qui travaillait avec la ville, m'a répondu que "ce n'était pas de notre ressort de déterminer s'il y avait ou non des dégradations". Lorsque j'ai fait remarquer que les fonctions exactes du comité étaient en fait d'approuver la création de la zone de projet ou de la rejeter, les choses ont commencé à se corser. Franchement, je n'étais pas habitué à ce genre de manipulation. Mon employeur, une agence gouvernementale, me faisait confiance pour déterminer sans parti pris la valeur des biens et les indemnités de licenciement potentielles. Lorsque je témoignais, j'étais sous serment. J'avais le sentiment de travailler pour le peuple de l'État de Californie et mon intégrité en tant que témoin expert était vitale. Aujourd'hui, je me suis fait rouler et mon intégrité a été compromise.

J'avais apporté de la documentation sur le réaménagement aux réunions et je l'ai distribuée, mais peu de membres du comité semblaient intéressés. Kay aussi, sans reconnaître que nous nous connaissions, écrivait des commentaires et les distribuait au groupe. J'ai pu constater qu'il y avait un certain nombre de "shills" au sein du comité. Ils semblaient être là uniquement pour voter en faveur du projet. Il n'y a jamais eu de discussion sur les plans réels du projet — c'était un mystère de savoir ce qu'allait être le projet Gateways Redevelopment, qui s'étendait sur plus de 1 300 acres. Qu'allaient-ils faire de toutes ces taxes foncières ? Les avocats ont soudainement déclaré que nous devrions voter très bientôt, même si l'audience publique du conseil municipal était prévue dans quatre mois. Ils ont changé nos réunions mensuelles en réunions hebdomadaires. Et ils ont fait appel à un animateur de réunion professionnel qui s'est immédiatement concentré sur moi.

ROSA KOIRE

Pendant que nous faisions toutes ces recherches, je passais toutes mes nuits à faire des recherches sur le redéveloppement jusqu'aux petites heures du matin.

Ce que j'ai trouvé a confirmé mes craintes. Le redéveloppement était un racket. La meilleure source de données, la plus instructive, était *"Redevelopment-The Unknown Government"* de Chris Norby, alors superviseur du comté d'Orange et maintenant député de l'État de Californie. La brochure est disponible en ligne ; entrez le titre dans votre moteur de recherche ou allez à la page d'information sur les sources de notre site Web. Ce petit livre d'une quarantaine de pages expose l'horrible vérité à l'aide de graphiques, de dessins et de données concrètes montrant que le redéveloppement est un vampire qui ne meurt jamais. Soutenue par de puissants groupes de lobbyistes qui font appel à des courtiers en obligations, des avocats et des consultants en matière de dette, la tendance à désigner de plus en plus de zones de redéveloppement est également soutenue par les membres du personnel des agences gouvernementales et les entreprises privées qui profitent du redéveloppement. Le détournement des taxes foncières au profit de ces suceurs de sang est une affaire importante : en 2006, les agences de redéveloppement de l'État avaient accumulé 81 milliards de dollars de dettes obligataires, un chiffre qui double tous les dix ans. Et ne pensez pas que cela ne concerne que la Californie — c'est le cas dans presque toutes les villes et tous les comtés des États-Unis. Comme les agences peuvent vendre des obligations sans l'approbation des électeurs (contrairement aux conseils scolaires) et que le fonds général de la ville est responsable de tout dépassement de la dette, ce sont des vaches à lait pour les sociétés de courtage en obligations.

Un article paru dans le journal indiquait que le comté s'opposait à la création par la ville d'un projet de redéveloppement d'une telle ampleur parce qu'il détournerait un demi-milliard de dollars du comté au cours de la période de quarante-cinq ans.

En lisant cet article, une idée m'est venue. J'allais inviter le superviseur du comté à notre réunion et lui demander de présenter le cas du comté. J'ai dit au président que j'avais invité le superviseur et il a répondu qu'il inviterait le chef de l'agence de redéveloppement de la ville à la réunion en guise de contre-mesure.

Kay et moi avons convenu qu'il était temps d'alerter le public sur ce qui se passait, et nous avons rédigé un prospectus que nous avons distribué à pied à des centaines d'entreprises et de résidences dans la zone du projet. Il commençait comme ceci :

AVIS

CETTE PROPRIÉTÉ A ÉTÉ DÉCLARÉE DÉLABRÉE PAR LA VILLE DE SANTA ROSA.

Le dépliant définissait ensuite le délabrement au sens du code de la santé et de la sécurité, indiquait les limites de la zone de réaménagement proposée et indiquait aux propriétaires et aux résidents que s'ils souhaitaient obtenir davantage d'informations, ils devaient se rendre à la réunion du comité du projet de réaménagement de Gateways. J'avais délibérément conçu ce document pour qu'il ait l'air officiel.

Eh bien, vous pouvez imaginer la réaction. Des gens qui auraient dû être informés par leur ville en entendaient parler pour la première fois grâce à ce dépliant. Nous étions par hasard tombés sur le meilleur moyen d'atteindre un grand nombre de personnes avec un appel à l'action. Dépliant.

La Ville a été absolument prise au dépourvu par le grand nombre de personnes qui se pressaient dans la petite salle de réunion assignée à notre comité. Je n'ai jamais reconnu que j'étais celui qui avait écrit et distribué le dépliant, mais bien sûr, ils le savaient. Les propriétaires d'entreprises et de biens immobiliers étaient furieux que des gens aient une "vision" de ce qui allait arriver à leurs propriétés. Comment la ville osait-elle identifier des "sites d'opportunité" où ils gagnaient leur vie ? Le tollé des propriétaires et des entrepreneurs est tel que la ville décide d'organiser une réunion publique dans la salle du conseil, qui coïncidera avec la prochaine réunion de la Redevelopment Agency. Comme la réunion avait lieu à deux heures de l'après-midi, la ville s'est peut-être dit que personne ne viendrait.

Kay et moi nous sommes mis au travail. Nous avons fait des centaines de tracts, rédigé une pétition pour deux quartiers demandant à être retirés de la zone du projet, et organisé une réunion d'information dans un restaurant local. Nous avons distribué les pétitions à chaque propriété du quartier dont nous étions propriétaires, et un militant de la zone adjacente a fait de même. Nous avons obtenu la signature de près de 100% de nos quartiers. J'ai soumis les pétitions au bureau du directeur municipal, en veillant à ce qu'elles soient officiellement datées, et j'ai obtenu des copies du greffier. Nous ne prenions aucun risque.

Les cinq membres nommés du conseil d'administration de la Redevelopment Agency n'étaient absolument pas préparés à l'énorme foule de personnes en colère qui assistait à leur réunion normalement vide. Il n'y avait pas de facilitateur et j'en ai profité pour prendre le micro et dire à la foule ce qui se passait. Ils perdaient leurs droits de propriété à leur insu. Les petites entreprises risquaient d'être exclues du zonage ou déplacées, et ces bureaucrates arrogants et zélés avaient le culot de dire que c'était "notre plan". Le conseil d'administration a menti à la foule, mais cela n'a tout simplement pas fonctionné et ce fut une véritable déroute. Kay et moi avons toutefois noté que ce n'était pas une réunion "officielle" et qu'aucune décision n'a été prise. C'était un geste audacieux de la part de la ville de laisser tout le monde se défouler et de s'effacer. Elle pouvait simplement faire comme si rien ne s'était passé et poursuivre son plan comme avant.

En faisant des recherches sur le projet, j'avais trouvé une lettre officielle adressée au directeur de la ville par le propriétaire des deux grands centres commerciaux du centre de la ville.

Simon Property Group est le plus grand propriétaire de centres commerciaux au monde, avec un patrimoine de 42 milliards de dollars. Il a récemment acquis la moitié des parts du Coddingtown Mall, un centre plus ancien qui a fait l'objet d'une rénovation majeure dans les années 1990. Dans sa lettre, le groupe Simon demandait que Coddingtown soit inclus dans le projet de redéveloppement de Gateways, affirmant qu'il aurait besoin d'un nouveau parking. Comme les parkings des centres commerciaux ne génèrent aucun revenu, Simon voulait que la ville l'aide. J'avais récemment calculé les coûts de construction d'un parking et je savais que ce qu'ils demandaient pouvait atteindre des dizaines de millions. C'était une grande nouvelle. Nous avons fait des annonces à ce sujet et j'ai été invité à une émission de radio locale. Au cours de l'émission, j'ai dit aux gens que le Groupe Simon avait une filiale spécialisée dans la réduction des taxes foncières pour les grands propriétaires, y compris eux-mêmes. Il y avait donc une réelle possibilité que nos impôts fonciers servent à financer un parking privé pendant que le propriétaire s'arrangeait pour réduire ses impôts fonciers. Nous avons ensuite mis la lettre sur notre site Web de Santa Rosa et vous pouvez la lire en allant sur Santa Rosa Neighborhood Coalition dot com, puis sur *More*, et ensuite sur *Rosa Koire/Kay Tokerud — la* lettre se trouve dans un lien intitulé *Simon Says Build Me A Parking Garage*.

Après l'émission de radio, la ville a été inondée d'appels de citoyens indignés. Le journal a écrit un article qui visait clairement à limiter les dégâts et, une fois de plus, nous avons été confirmés dans notre conviction que le journal était un porte-parole de la ville. J'ai harcelé le rédacteur en chef jusqu'à ce qu'il publie ma lettre au rédacteur en chef, dans laquelle je disais que les citoyens ne voulaient pas que les grandes entreprises bénéficient de l'argent de nos impôts fonciers alors que les petites entreprises locales étaient chassées de la ville et soumises à la menace de l'expropriation pendant douze ans.

Pendant tout ce temps, la ville avait apparemment cherché des moyens de m'écarter du comité. L'animatrice avait fort à faire pour me faire taire (j'étais toujours calme, raisonnable et professionnelle — ils détestaient ça), mais j'insistais poliment pour obtenir des réponses à mes questions. Les avocats étaient furieux de voir que ce qui aurait dû être une affaire facile était en train de se compliquer, et le président, que je soupçonnais d'essayer de me piéger en violant la loi Brown, était frustré. Lorsque j'ai reçu un appel du bureau du procureur de la ville m'informant qu'il enquêtait sur un rapport de violation de la loi Brown à mon encontre, je n'ai pas été surpris. La loi Brown régit l'accès aux réunions pour tous les organismes publics et stipule qu'elles doivent se dérouler sous le regard du public. Le fait que plus de cinquante pour cent des membres d'un groupe se réunissent en privé constitue une violation. J'ai été accusé d'avoir envoyé des courriels à plus de 50% des membres. Plusieurs fois, certains membres ont essayé de me piéger, mais je ne suis pas tombé dans le panneau. J'ai été innocenté.

L'heure du vote sur le projet approchait et j'avais fait tout mon possible pour faire pression sur les membres de la commission qui n'avaient pas d'opinion préconçue. Il était important de voter contre le projet, même si le conseil municipal l'adoptait de toute façon. De nombreux membres du comité pensaient que s'ils rejetaient le projet, leurs recommandations seraient ignorées. L'avocate les a induits en erreur, bien que j'aie essayé de la faire taire.

Elle a dit que cela " enverrait un message contradictoire " au conseil municipal et a semé la confusion au sein du comité. Nous étions toujours en train de distribuer des tracts et nous nous étions mis en contact avec des propriétaires d'entreprises du quartier qui voulaient être plus actifs. L'un d'eux, Sonia Torre, possédait un atelier de réparation de smog qui était la cible de l'application du code de la ville. Un autre était Jim Bennett, propriétaire d'une magnifique concession de voitures d'occasion BMW qu'il avait transformée d'un atelier délabré en une magnifique salle d'exposition après avoir subi des mois de blocage de la part de la planification urbaine.

Quelques jours avant le vote final, le bureau du greffier municipal m'a contacté pour m'annoncer que nos pétitions avaient été approuvées et que 235 acres avaient été retirés de la zone du projet.

Une section commerciale de mon quartier, le long de la rue principale, figurait toujours dans le plan du projet, puisque seules les zones résidentielles avaient été découpées conformément à la carte que nous avions dessinée et soumise avec notre pétition. J'étais soulagé mais méfiant. Étaient-ils dignes de confiance ? J'ai obtenu les documents et tout semblait légitime. Mais il y avait un hic.

Je serais retiré du comité et ne pourrais pas voter. J'étais un représentant des propriétaires d'entreprise et un autre propriétaire d'entreprise qui se trouvait encore dans la zone du projet pouvait prendre ma place. Une élection serait organisée, mais les seuls "électeurs" seraient les membres du comité. J'ai recruté Sonia Torre et lui ai dit de venir à la réunion, de se présenter pour le siège et de ne pas reconnaître qu'elle me connaissait.

Mon dernier acte en tant que membre du comité a été de voter pour mon remplaçant.

Bien qu'une fois de plus, des avocats, des promoteurs et des courtiers locaux se soient présentés pour le siège, j'ai fait pression sur mes collègues du comité et Sonia a gagné.

J'ai décidé que, puisqu'ils n'avaient pas terminé le processus de retrait de ma zone du projet, je garderais mon siège et voterais quand même, même si c'était juste symbolique. À présent, je savais qu'ils me piégeraient s'ils le pouvaient. Sonia a pris place à côté de moi et le vote a commencé.

La ville a fait une grosse erreur le dernier jour. Les employés avaient réécrit les suggestions du comité et certaines d'entre elles étaient complètement à l'opposé de ce que nous avions convenu. Ils ont également envoyé un couple de jeunes avocats à la place du grand patron qui avait assisté à toutes les réunions pour faire de la propagande. Peut-être pensaient-ils que tout était sous contrôle. L'un des "hésitants" a demandé au nouvel avocat s'il était vrai que toutes nos recommandations seraient ignorées et écartées si nous refusions le projet. Non, a-t-il répondu, pourquoi le feraient-ils ? Cette vérité s'est répandue dans le comité comme une brise froide. On leur donne à chacun trois feuilles de papier : une rouge (Non), une verte (Oui) et une blanche (Abstention). La salle est mortellement silencieuse alors qu'un par un, les dix membres brandissent leurs votes. Kay, dans le public, est le premier à obtenir le compte et se lève d'un bond en criant. Le résultat est de cinq non, quatre oui et une abstention. Alors que l'abstentionniste s'enfuyait littéralement de la salle et que le président demandait un nouveau vote (avec l'objection de Kay), Sonia et moi avons fait un high five — nous avions gagné !

En réfléchissant à ces derniers mois, je me suis rendu compte que le plus grand choc pour moi était d'avoir fini par être un ennemi du gouvernement de la ville. Au début, je m'attendais à être un agent de liaison entre la ville et le comité, un initié utile qui aiderait à expliquer les plans du projet, les rapports d'impact environnemental, l'analyse de l'utilisation des terres et le domaine éminent. Maintenant, j'ai eu mon réveil. La ville s'était comportée de manière malhonnête et soumettait sciemment à la population un projet élaboré à partir de données frauduleuses, peut-être sous sa direction. Le personnel de la ville m'avait calomnié lors de réunions, avait conspiré pour m'écarter du comité et avait envoyé des ministres de la désinformation pour tenter de me discréditer. Le fait qu'un comité de zone de projet ait rejeté un projet de réaménagement était incroyable. Je pensais que cela devait faire l'objet d'une information nationale, puisque c'était si rare. Mais le grand combat nous attendait, et nous avons commencé à nous préparer.

LA PRISE EN CHARGE DE LA VILLE

Je savais que le conseil municipal avait la ferme intention d'adopter l'ordonnance lors de l'audience publique de début juin 2006, mais j'avais besoin de savoir s'il était possible de faire quelque chose pour l'arrêter. Kay et moi avions accepté de rester dans la bataille car nous avions honte d'avoir découpé la carte pour notre pétition et d'avoir laissé la principale rue commerciale dans le projet. Nous avions pensé, à juste titre, que la ville ne laisserait jamais tomber cette rue " porte d'entrée " du projet. Or, nous avions de nombreux amis dans cette rue et ils voulaient que nous les aidions. Nous avons décidé qu'il importait peu que notre propre propriété ne fasse plus partie du projet ; nous devions faire ce qui était juste. J'ai fait des recherches sur la lutte contre le redéveloppement, qui s'était intensifiée depuis l'arrêt *Kelo*.

Dans tout le pays, les États adoptaient des lois qui limitaient les pouvoirs d'expropriation et les initiatives se multipliaient. Bien que nous travaillions sur une proposition pour le scrutin californien, cela ne nous aiderait pas puisque Gateways serait adopté avant cela. Il semblait que notre meilleure option était d'essayer d'obtenir suffisamment de signatures pour mettre un référendum sur le bulletin de vote local après que la ville ait adopté l'ordonnance. La loi stipulait que nous n'aurions que trois semaines pour obtenir que dix pour cent des électeurs, soit environ 8 000 personnes, signent notre pétition afin que l'initiative soit inscrite au bulletin de vote. J'ai appelé un cabinet d'avocats de San Francisco et l'ai chargé de préparer et d'imprimer les pétitions, qui devaient être parfaites. Si le secrétaire d'État trouvait une erreur dans le libellé de l'ordonnance, si nous n'avions pas chaque mot exactement comme la ville l'a publié, nos pétitions seraient invalides. Jim et Barbara Bennett, Sonia et Wolf Torre, Kay et moi avons réuni les trois mille dollars pour le cabinet d'avocats, nous avons accepté de diviser les cahiers de pétition et, avec une dizaine d'autres partisans, d'obtenir ces 8000 signatures en trois semaines. Oui, nous n'avions que 21 jours. Nous devions attendre que l'ordonnance soit adoptée avant de pouvoir commencer, mais nous avions l'intention d'assister à l'audience publique et d'essayer de convaincre le conseil municipal de ne pas aller de l'avant. C'était notre faible espoir. Nous avons distribué dans la région des centaines de bulletins d'information expliquant pourquoi tout le monde devait se rendre à l'audience et s'exprimer.

La nuit du 6 juin 2006 a été longue dans la salle du Conseil, qui était pleine à craquer. Le Conseil a entendu une longue explication de la part du personnel de la ville sur la nécessité du projet et sur l'importance de disposer de cet "outil" qu'est l'expropriation, même s'ils ne l'utiliseront jamais. J'ai scruté la salle pendant que le personnel continuait à parler et j'ai essayé d'identifier la foule. Kay et moi venions d'acheter une maison et d'emménager à Santa Rosa et nous ne connaissions pas encore beaucoup d'acteurs. J'ai vu des membres de la Chambre de commerce, des associations de quartier, des promoteurs immobiliers de premier plan, des représentants du comité de zone du projet et des initiés de la ville présents pour parler au nom de l'opposition. De notre côté, j'ai vu beaucoup de propriétaires de petites entreprises et de citoyens concernés qui se réveillaient face aux méfaits du redéveloppement. La salle était tendue.

Nous avions soumis de longues lettres détaillées d'opposition au projet et nous nous sommes assurés d'obtenir des copies datées. Nous savions que toutes nos objections devaient être consignées dans le dossier avant le vote, sinon nous ne pourrions pas les consigner plus tard dans le dossier administratif — elles ne feraient pas partie du procès. J'avais trouvé un cabinet d'avocats à San Jose qui avait intenté un procès pour arrêter un projet de réaménagement dans cette ville et qui avait gagné. J'ai tout lu sur leur site Internet et je les ai contactés pour leur demander conseil. Je n'ai jamais vraiment pensé que nous allions intenter un procès, mais j'ai pensé que nous devions éviter toute erreur qui pourrait tuer nos chances au cas où nous le ferions. Alors, quand le secrétaire municipal a annoncé les noms de ceux qui avaient soumis des lettres et que nous n'avons pas entendu nos noms, Kay s'est levée et a dit qu'elle avait soumis une objection de vingt pages : Où était-elle ? Le greffier a quitté la salle et est revenu un peu plus tard avec nos lettres. Plus tard, nous avons appris qu'ils avaient " perdu " une page sur deux dans le but d'éviter qu'elles ne soient versées au dossier administratif. Des heures se sont écoulées pendant que nous prenions chacun nos trois minutes pour les commentaires publics et que nous nous exprimions sur le projet.

L'opposition, soutenue par les commentaires du Conseil, n'a cessé de dire que nous avions "peur" et que nous freinions le progrès. Ce ne fut pas une surprise lorsque le Conseil a adopté l'ordonnance à l'unanimité à la fin de la soirée.

Le lendemain, je suis allé voir le greffier municipal pour obtenir l'ordonnance. Elle n'était pas prête, m'a-t-elle dit, et nous devions l'obtenir du journal lorsqu'il serait publié. J'étais nerveux parce que nous avions si peu de temps pour obtenir autant de signatures — 380 par jour pendant 21 jours. J'ai demandé au cabinet d'avocats de l'obtenir, et j'ai bien fait de le faire, car la ville a publié une fausse ordonnance dans le journal. Je vais le répéter. La ville de Santa Rosa a publié une fausse ordonnance dans le journal afin d'invalider nos pétitions de signatures pour le référendum. Le directeur municipal, le procureur municipal et le greffier municipal savaient ce qu'ils faisaient quand ils ont essayé de nous arrêter. Le cabinet d'avocats de SF était expérimenté et avait déjà vu cela auparavant (pouvez-vous le croire ?), ils ont donc pu forcer la ville à leur remettre la véritable ordonnance. Nous avons obtenu nos pétitions et sommes descendus dans la rue.

Nous nous sommes tenus sous un soleil de plomb dans toute la ville et n'avons pas pu obtenir plus de quelques centaines de signatures. C'était pathétique et frustrant de voir à quel point les gens étaient ignorants du réaménagement et du projet Gateways. Après une journée, il est devenu évident qu'à moins de faire appel à des collecteurs de signatures rémunérés, nous n'arriverions jamais à obtenir 8 000 signatures. J'ai essayé les collecteurs de signatures professionnels, mais ils demandaient un dollar par signature et nous ne pouvions trouver qu'une seule personne pour le faire. J'ai téléphoné à Sonoma County Conservation Action, un groupe libéral de défense politique de l'environnement qui distribuait souvent des pétitions, mais ils ne répondaient pas à nos appels. Plus tard, je repenserai à cela et j'en rirai, car, comme dans beaucoup de mes premières tentatives pour trouver des alliés, je n'avais aucune idée que j'allais demander de l'aide à mes ennemis. J'ai été interviewé dans le journal en disant que nous étions confiants dans l'obtention des signatures, mais c'était du bluff. Le Conseil envisageait de supprimer le pouvoir d'expropriation sur les propriétés résidentielles occupées par leur propriétaire dans la région afin de diviser notre soutien. J'espérais qu'ils le feraient, et ils l'ont fait, plus tard. Mais alors quoi ? Seulement les propriétaires-occupants ?

Un mauvais compromis qui excluait tous les locataires, les maisons et appartements non occupés par leur propriétaire et les propriétés commerciales de la protection contre l'expropriation.

Nous avions organisé des réunions d'information à l'intention des propriétaires fonciers et des commerçants de la zone du projet, et nous avions créé l'association des commerçants de l'avenue Santa Rosa. Alors que nous faisions du porte-à-porte dans la principale rue commerciale, nous avons été suivis par des employés de la ville qui ont dit aux propriétaires d'entreprises et de biens immobiliers qu'il n'y avait pas lieu de s'inquiéter.

Notre première réunion a été envahie par le responsable de l'agence de redéveloppement de la ville et le président du comité de la zone de projet. Ils ont effrontément réquisitionné notre réunion, qui s'est tenue chez le concessionnaire BMW de Jim, et ont essayé de me discréditer, en mentant sur le fait que les propriétaires de petites entreprises n'avaient pas à s'inquiéter. Ils avaient aussi semé dans notre réunion des comparses qui me chahutaient. Je n'ai pas pu les mettre dehors parce que je n'avais pas l'impression que le public me connaissait suffisamment bien pour savoir qu'il était trompé par nos casseurs de portes.

Nous avons conclu la réunion et Kay leur a dit de sortir et de ne pas revenir.

Maintenant, alors que la date limite approche et qu'il manque encore des milliers de signatures, j'ai rappelé le cabinet d'avocats de San Jose, Brooks et Hess. Que faudrait-il faire pour intenter un procès ? Virginia Hess m'a dit que nous avions un cas basé sur des constatations frauduleuses de fléau et que si nous pouvions réunir 50 000 $ dans la semaine qui suivait, nous pourrions intenter un procès. Leur dernière affaire de réaménagement avait coûté 400 000 $ en frais juridiques, mais ils avaient gagné. Nous avons convenu de retenir les services de Brooks et Hess pour créer pour nous une organisation à but non lucratif de type 501 (c) (4) afin que les dons soient déductibles fiscalement pour nos donateurs en tant que frais professionnels. Bien que la situation semblait désespérée et que j'étais épuisée, nous nous sommes préparés à la grande offensive. Je devais réunir 50 000 dollars en une seule nuit.

Lorsque nous avons entamé le processus de référendum, j'ai envoyé des communiqués de presse à plus d'une centaine de médias : radio, télévision et presse écrite. J'avais essayé d'intéresser des cabinets d'avocats d'intérêt public à notre affaire potentielle, mais je n'avais obtenu aucune réponse. À part quelques articles dans le journal local et quelques interviews à la radio, nous n'avions pas eu beaucoup de presse. Maintenant que nous devions déposer cette plainte, nous devions attirer les gens dans la salle. Nous avons pris le taureau par les cornes et acheté une demi-page de publicité pour mille dollars dans le North Bay Bohemian, le journal hebdomadaire des arts, du divertissement et des alternatives. Notre annonce comportait un superbe graphique tiré de *Redevelopment-The Unknown Government* de Chris Norby, et annonçait notre réunion. En bas de l'annonce, j'avais écrit : *Nous nous réservons le droit de refuser l'entrée.* Cela a suscité l'intérêt d'un animateur radio populaire du matin, qui m'a invité à discuter du combat.

L'expropriation était encore un sujet brûlant après *Kelo*, et une proposition à l'échelle de l'État était en préparation. J'étais heureux d'avoir la possibilité de faire de la publicité pour notre réunion à la radio et j'espérais que cela aiderait.

Quelques nuits plus tard, Kay, Sonia, Jim, Barb et moi-même avons croisé les doigts alors que les chaises de la salle d'exposition immaculée de Jim commençaient à se remplir. J'ai remarqué quelques "espions", dont un avocat qui avait essayé de faire partie du comité mais n'avait pas obtenu suffisamment de voix. Alors que les gens s'installaient et que je commençais la réunion, je les ai montrés du doigt à la foule et j'ai reçu une dose de confiance lorsque quelqu'un a crié "Voulez-vous que nous les mettions dehors, Rosa ?". J'ai répondu qu'ils pouvaient rester mais que s'ils essayaient de perturber la réunion, ils devraient partir. Après avoir brièvement passé en revue les limites du projet, le domaine éminent, le réaménagement et l'historique des problèmes, j'ai lancé un appel à l'argent. À ce stade, j'ai dit que nous n'avions pas d'autre choix que de poursuivre en justice. Nous avions essayé tout le reste. Si nous voulions empêcher la ville d'avoir le pouvoir de choisir qui resterait et qui partirait pour les douze prochaines années, il fallait qu'elle fasse des chèques, maintenant. J'ai précisé que nous étions bénévoles, que nous ne prenions pas d'argent pour nous, et qu'en fait nous avions déjà dépensé des milliers de dollars. Les propriétaires d'entreprises craignaient que la ville n'exerce des représailles contre eux pour avoir financé le procès, et je leur ai assuré que leurs contributions et leur participation seraient confidentielles. Nous ne partagerions jamais les noms de nos contributeurs avec qui que ce soit. Nous sommes passés par une période de questions et réponses pendant un moment, puis l'un des hommes les plus âgés s'est levé et a dit "Je suis partant ! Voici un chèque de 2 000 $!" Une minute plus tard, c'était comme une salle des ventes ! "Il y en a mille par ici ! J'en suis pour cinq cents ! Je peux aller jusqu'à trois mille ! Je ne savais pas si je devais rire ou pleurer — nous avions atteint notre cible et devions continuer.

SUR LE DEVOIR DE DÉSOBÉISSANCE CIVILE

J'aimerais faire une pause ici et faire un éditorial pendant une minute. Bien que je ne sois pas tombé du camion de navets comme on dit, j'ai été découragé par le comportement de la ville. C'était un combat, c'est vrai, mais fallait-il qu'ils jouent si mal ? Je me suis rendu compte que s'ils ne jouaient pas salement, ils n'auraient pas de projet et ils ont apparemment estimé que la fin justifiait les moyens. Il s'agissait d'une philosophie que j'allais rencontrer à maintes reprises dans le cadre de mes études sur l'Agenda 21 des Nations unies et le développement durable.

Si la fin peut être décrite dans un joli scénario, une "vision", alors tout ce qu'il faut pour y arriver est acceptable. "Pour le plus grand bien" est le cri de ralliement du communautarisme. Ce "plus grand bien" peut être défini de n'importe quelle manière qui convienne à ceux qui sont au pouvoir, et la définition peut changer à tout moment.

L'un de mes héros a toujours été Henry David Thoreau. Thoreau est surtout connu pour sa méditation sur l'autonomie, intitulée "*On Walden Pond*", mais mon œuvre préférée est "*On the Duty of Civil Disobedience*".

Ce court essai est souvent publié dans un recueil avec Walden et est généralement appelé "*Désobéissance civile*". Je ne sais pas pourquoi le titre est raccourci de cette manière par les éditeurs, mais j'aimerais qu'il ne le soit pas, car son message est qu'il y a un devoir civique de désobéir lorsque vous savez que quelque chose est faux. UN DEVOIR. Franchement, il est étonnant que cette pièce soit encore étudiée dans les écoles, du moins je l'espère.

La beauté et la clarté de *On the Duty of Civil Disobedience* résident dans l'insistance de Thoreau à déclarer son droit, et le nôtre, à l'indépendance. Pas seulement dans son corps, mais dans sa pensée. En actes. Dans la croyance. La déclaration individuelle d'indépendance. La reconnaissance de la responsabilité personnelle de mettre le devoir civique en action. Le devoir civique de désobéir lorsque les actions de votre gouvernement sont reconnues comme mauvaises. La reconnaissance qu'il existe une norme morale claire et qu'il est important que nous y adhérions. Voici mon guide.

Certaines personnes pourraient lire cela et penser que je suis moi-même "immoral" parce que je suis gay. Nous avons une grande tradition de pensée en Amérique. Une tradition qui n'est pas alourdie par des siècles d'adhésion à des rois ou des églises, des papes ou des dogmes. Pourquoi les questions des droits des homosexuels et du mariage homosexuel ont-elles semé la confusion et séparé le pays ? Il est préférable de nous considérer comme un peuple moral en fonction de nos actions individuelles. Nous devons examiner notre désir de faire partie d'un groupe. Je parle du besoin de faire partie du troupeau, de ne pas élever la voix parce que notre voisin pourrait entendre, de ne pas jeter la pierre parce que la foule nous entoure. D'éviter de poser les questions difficiles, telles que : Pourquoi ai-je toléré les restrictions des libertés individuelles en raison d'une menace extérieure perçue ? Pourquoi ai-je accepté que les droits individuels soient restreints pour le "bien" général de la nation ? Pourquoi ai-je tellement peur de ne pas être aimé que je reste à l'écart lorsque quelqu'un est attaqué pour avoir dit la vérité ? Pourquoi tenterais-je d'imposer mes croyances religieuses aux autres ? Pourquoi suis-je prêt à accepter la corruption du gouvernement si je la vois dans mon propre parti politique ? Ou dans mon lieu de culte ? Ou dans mon mouvement social ? La citation la plus célèbre de Thoreau, selon laquelle "un homme doit suivre le rythme de son propre tambour, aussi mesuré ou lointain soit-il", fait partie d'une tradition profondément américaine. Une tradition dont nous sommes fiers pour une bonne raison. Cela demande du courage, et nous l'honorons.

Le communautarisme peut être très subtil et difficile à voir, même dans votre propre comportement. Il fonctionne en tandem avec la pression sociale. Nous nous devons, en tant que nation, d'être vigilants.

LA ZONE CRÉPUSCULAIRE

Avec l'action en justice déposée et notre engagement renforcé pour aider les avocats, nous avons senti que nous avions les mains pleines. Le journal avait écrit plusieurs articles sur le procès, la plupart me citant de manière erronée, et dans l'un d'eux, le directeur municipal a déclaré que j'avais une "opposition fondamentale au gouvernement". J'ai trouvé cela très drôle, étant donné que je fêtais ma 23e année en tant qu'employé du gouvernement.

Une proposition de vote, Prop 90, visant à planter un pieu dans le cœur du réaménagement et des prélèvements réglementaires, a été déposée en réponse à la décision *Kelo* de la Cour suprême en 2005. Je faisais partie du conseil consultatif pour l'élaboration de la proposition et j'étais présent sur la chaîne de télévision locale pour couvrir la nuit des élections en novembre 2006 sur la question du réaménagement. Malheureusement, la proposition a été rejetée de justesse par une marge de moins de cinq pour cent.

Nous profitions de notre maison des années 1880 dans un charmant quartier historique situé en dehors de la zone de réaménagement et nous nous réjouissions de nous faire de nouveaux amis et de vivre des expériences agréables. Kay a lu le bulletin d'information du quartier et a vu que la réunion annuelle de la Junior College Neighborhood Association allait avoir lieu en février 2007. La JCNA est la plus grande association de quartier de la ville. Le jour de la réunion, je travaillais et Kay y est allée avec quelques voisins. Quelques heures plus tard, elle est rentrée à la maison et m'a annoncé qu'elle avait été élue présidente du quartier.

L'ancienne présidente, Jenny Bard, n'a pas continué, et personne n'a voulu du poste. Kay a fait un court discours sur son désir d'obtenir le statut historique pour le quartier et sa volonté de faire le travail difficile pour le représenter. Elle n'a pas parlé de notre combat pour le redéveloppement car le quartier ne fait pas partie de la zone Gateways et elle n'a eu que quelques minutes pour se présenter. Nous nous sommes sentis heureux d'être désormais impliqués dans un lien plus pacifique avec notre ville. Faux !

Quelques jours plus tard, notre voisin d'en face, celui qui avait proposé Kay comme candidate à la présidence, est venu nous dire qu'il avait été approché par Jenny Bard et quelques "leaders" d'autres quartiers — des gens de la zone du projet de réaménagement — et qu'on avait fait pression sur lui pour qu'il retire sa candidature à la présidence de Kay. Il a dit qu'il le ferait, s'ils pouvaient prouver que l'élection était invalide. Les soi-disant leaders étaient accompagnés d'un étudiant en droit qui a déclaré que Kay n'avait pas été légalement élu selon les règles de Robert. Je vais parler brièvement de tout cela, principalement parce que je pense que vous serez choqués, comme je l'ai été, de voir à quel point les attaques contre nous sont devenues vicieuses, délibérées et incessantes. Ce que nous ne savions pas, c'est que l'ancienne présidente, Jenny Bard, était la directrice adjointe de la communication et du plaidoyer pour l'Association pulmonaire de Californie (une organisation non gouvernementale officielle de l'ONU). Elle était une lobbyiste rémunérée pour Smart Growth — et personne ne le savait. Avant que nous déménagions à Santa Rosa, elle avait engagé Dan Burden, un défenseur bien connu de la croissance intelligente, pour qu'il vienne dans le quartier et donne un séminaire sur le réaménagement de Mendocino Avenue, la rue principale de notre quartier. C'est la principale alternative à l'autoroute et elle est à quatre voies. Jenny et Dan, cependant, pensaient qu'elle serait bien meilleure avec seulement deux voies et une grande jardinière médiane : la modération du trafic ! Quatre roues, c'est mal, deux roues, c'est bien.

Eh bien, Jenny a apparemment été prise de panique lorsque Kay a été élue, et en quelques semaines, elle a rapidement rassemblé douze (12) personnes pour faire partie du conseil de quartier — ils ont tenu cette "élection" lorsque nous étions à l'extérieur de la ville pour la remise des diplômes de ma nièce. Un ami a enregistré la réunion pour nous et c'était effrayant. Les participants étaient principalement des membres de la coalition de cyclistes, il n'y avait aucun moyen de savoir s'il s'agissait réellement de résidents du quartier présents dans l'assistance pour voter, et les cris et les hurlements étaient stupéfiants. Tout voisin qui s'opposait à "l'élection" de douze agents en 18 minutes était rabroué. Nous ne connaissions aucun des douze nouveaux membres du conseil d'administration (à l'exception de Jenny, et nous ne la connaissions pas vraiment).

Leur premier geste a été de déclarer la présidence de Kay invalide en se basant sur les règles d'ordre de Robert. Je ne sais pas pour vous mais nous n'avions jamais lu les règles de Robert. Nous avons acheté une copie et avons commencé à lire.

J'avais entendu dire que l'un des jeunes démocrates du quartier était un parlementaire junior et se faisait appeler parlementaire du comité central démocratique du comté de Sonoma — il faisait également partie de la commission d'urbanisme de la ville. Je l'ai appelé pour lui demander son avis. J'ai eu un autre choc lorsque, au bout de trois minutes de conversation, j'ai réalisé qu'il me disait que Kay n'avait pas été légalement élue parce que nous ne pouvions pas prouver que nous avions payé notre cotisation de 10 dollars (je l'avais payée en liquide). J'ai ensuite contacté le parlementaire de l'État (je ne savais pas qu'il y en avait un jusqu'à ce que je le trouve sur Internet) et je lui ai envoyé une lettre tout à fait factuelle contenant les détails de l'élection. Nous avons été soulagés quand il a renvoyé une lettre officielle disant que Kay avait été légalement élu.

Nous étions dans un autre combat et nous ne nous y attendions pas. Je ne sais pas si je peux vous transmettre le profond sentiment de déception que nous avons ressenti, ainsi que la conviction que nous étions en quelque sorte tombés dans la *Quatrième Dimension*.

Tout cela semblait être lié à notre lutte contre le redéveloppement.

Les douze membres du conseil d'administration voulaient du sang, en colère parce qu'ils ne pouvaient pas simplement voter pour qu'elle quitte l'île. Ils se sont réunis en secret, ont empêché Kay de poster sur le site web du quartier (puis ont supprimé le site), nous ont envoyé des courriels vicieux et ont demandé un procès. Ils ont dit qu'elle était un "personnage désagréable". Il faut connaître Kay, comme beaucoup le font, pour comprendre à quel point il est ridicule de la traiter de "personnage désagréable". Elle est calme, sérieuse, douce et juste. Ce n'est pas une personne têtue et elle est capable d'entendre tous les points de vue. Elle est plutôt agréable, sauf en cas de violation de la justice, auquel cas elle s'exprime fermement et ne recule pas. Alors, qu'avait-elle fait pour mériter cette étiquette ? Elle avait demandé à représenter le quartier à la Neighborhood Alliance.

La Neighborhood Alliance est quelque chose que vous pouvez voir dans votre ville aussi, si vous regardez, bien qu'elle puisse avoir un nom différent. Il s'agit d'une confédération de toutes les associations de quartier de la ville. Ce bloc de "leaders de quartier" est très probablement pro-développement, pro-croissance intelligente et pro-Agenda 21, même s'il ne l'appelle pas ainsi. Puisqu'il "représente tous les chefs de quartier", il représente par extension tous les résidents — et il parle pour vous.

Dans notre ville, il a été créé par Jim Wilkinson, ancien diplomate de carrière affecté aux Nations unies par Gerald Ford. Wilkinson s'est installé dans notre ville après avoir pris sa "retraite", mais il était le président de la section du comté de Sonoma de l'Association des Nations unies des États-Unis, une sorte de club de musique pour les *amateurs de l'*ONU. Il existe des chapitres dans tous les États-Unis. L'association parraine également des élèves de collèges, de lycées et d'universités lors de simulations de sommets des Nations unies, au cours desquels les élèves apprennent à connaître l'Agenda 21 des Nations unies. Il a ensuite écrit des lettres aux éditeurs de plusieurs journaux pour nous attaquer, et a donné une interview au Santa Rosa Press Democrat dans un article intitulé : *Koire The Face of Shadowy SR Coalition*. L'autre fondatrice de la Neighborhood Alliance était Jenny Bard, l'avocate de la croissance intelligente de l'Association pulmonaire.

Kay a donc fait la démarche désagréable de demander à l'ancienne présidente Jenny Bard où se tenaient les réunions, en disant qu'elle voulait représenter notre quartier puisqu'elle était clairement un "leader de quartier" et que ce groupe était censé être composé de telles personnes. Jenny Bard a refusé de lui dire et a dit qu'elle voulait continuer à représenter le quartier. John Sutter était le président de l'AN à l'époque. Je l'ai appelé pour lui demander où se tenaient les réunions et il a d'abord refusé de me le dire, affirmant que les réunions étaient privées. Après avoir discuté avec lui pendant un certain temps, il a déclaré fièrement que l'AN était "le conseil municipal de l'ombre" et a fini par nous donner l'adresse. Ils se réunissaient dans une arrière-salle des bureaux de Keller-Williams Realty sur Stony Point Road.

Kay et moi, ainsi que Sonia Torre (de notre association professionnelle), nous nous sommes rendus à la réunion et avons été froidement amenés dans une salle avec une dizaine de personnes, dont Bard et Wilkinson, qui étaient là pour "représenter" leur quartier. L'un des "leaders" était Fred Krueger. J'ai fait des recherches sur lui et j'ai découvert qu'il est le directeur d'un culte religieux des arbres, Religious Campaign for Forest Conservation (RCFC), qui milite pour la fin de l'exploitation forestière commerciale. C'est une ONG qui conseille les Nations Unies.

Les "leaders" ont décidé que nous pouvions être présents pour les deux premiers points de l'ordre du jour, mais que nous devions partir. J'ai remarqué qu'il y avait quelque chose sur les candidats au conseil municipal à l'ordre du jour, et on me l'a arraché. Ensuite, mon partenaire a été attaqué systématiquement par chaque personne pendant tout le temps que cette personne voulait parler. Kay a protesté en disant que cela ressemblait à une sorte de procès, un tribunal kangourou, mais cela a continué. Kay, Sonia et moi avons eu chacune une minute pour répondre, et le président John Sutter, un entrepreneur en construction d'"Habitations humaines" (un terme de l'Agenda 21 de l'ONU) selon son site web, a enlevé sa montre et l'a placée devant lui sur la table afin d'être sûr de ne pas nous donner plus d'une minute. Nous avons parlé calmement et clairement de nos préoccupations, celles de Kay en tant que chef de quartier, celles de Sonia en tant que chef d'entreprise et les miennes en tant qu'Américaine. Après avoir parlé, on nous a dit de partir, on nous a escortés dehors et la porte a été fermée à clé derrière nous.

Ce groupe n'était pas ouvert au public et n'était pas ouvert à tous les dirigeants du quartier. C'était une parodie et un embarras honteux pour tous ceux qui y ont participé. J'ai été stupéfait qu'un tel groupe prétendant représenter tous les quartiers de Santa Rosa puisse fonctionner de cette manière dans notre pays.

En utilisant ces quelques personnes pour représenter la ville entière, le gouvernement local peut dire qu'il a l'appui de la communauté lorsqu'il veut faire passer un plan d'aménagement du territoire ou une nouvelle politique qui ne serait pas populaire. En faisant passer le mot à ces soi-disant leaders triés sur le volet, la ville peut manipuler le public et mettre sur la touche les vrais citoyens qui se manifestent pour s'opposer. Kay est allé au conseil municipal le mardi suivant et a informé la ville, devant la caméra, qu'il y a un groupe en ville qui s'appelle le "conseil municipal fantôme". Ça aurait dû être dans le journal.

Juste après cela, une réunion de quartier a été convoquée par le conseil d'administration pour qualifier Kay de "personnage désagréable" et "enquêter" sur elle. Sans blague. Kay et moi sommes allés tôt au Odd Fellows Hall et nous avons réarrangé les chaises pour qu'il y ait une longue table devant pour le conseil et des sièges pour le public en face. Nous avons apporté un drapeau américain d'une autre pièce. Lorsque Kay, la présidente, a ouvert la réunion, elle a annoncé que nous allions tous faire le serment d'allégeance. Le conseil d'administration était manifestement ennuyé et en colère, mais s'est levé à contrecœur pendant que Kay dirigeait le serment. Elle voulait leur rappeler qu'en Amérique, nous défendons la vérité et la justice pour tous. Il n'y avait qu'une douzaine de "voisins" dans le public, ainsi qu'un chroniqueur du Santa Rosa Press Democrat qui avait écrit un article diffamatoire sur Kay la semaine précédente. Le conseil s'est mis rapidement au travail et a voulu voter pour enquêter sur elle sans que Kay ou quiconque ait la possibilité de s'exprimer. Je me suis levé et j'ai dit que l'action du conseil était éhontée et scandaleuse. J'ai répété cela alors que tout le conseil me criait de m'asseoir et de me taire. En regardant leurs visages rouges et leurs bouches ouvertes, le son de leurs cris ressemblait à des aboiements de chiens. C'était un moment surréaliste que je n'oublierai jamais. Je leur ai tourné le dos et leur ai dit qu'ils pouvaient appeler la police s'ils le voulaient, mais que je ne m'assiérais pas et ne me tairais pas. C'était un scandale. Je n'avais jamais rien vu de tel dans ma vie. Les quelques voisins présents dans le public sont restés paralysés et silencieux, à ma grande déception.

Kay est restée calme et a géré la réunion. Quelques minutes plus tard, le conseil d'administration a voté à 12 contre 1 pour enquêter sur Kay, son vote étant le seul désaccord.

L'idée d'une enquête était folle. C'était du pur harcèlement.

Il n'y avait absolument rien à "enquêter". Le chroniqueur du *Press Democrat* a écrit un autre article et m'a désigné comme ayant perturbé la réunion par mes cris de "sans-gêne". Plus tard, lorsque j'ai lu *Life and Death in Shanghai* de Nien Cheng, j'ai réalisé que nous avions été les victimes de "réunions de lutte" telles que celles utilisées en Chine communiste dans les années 1960 pour briser la société.

Après cela, j'ai sérieusement cherché à savoir qui étaient ces membres du conseil. Ils étaient soit des comparses, soit des lèche-bottes, soit des gens qui avaient tout à gagner du réaménagement, soit des membres du conseil d'administration de groupes environnementaux. Deux d'entre eux semblaient être mentalement instables ; l'un d'entre eux nous a envoyé un courriel vicieux disant que nous "pouvions continuer à vivre dans le quartier" mais que nous ne serions pas autorisés à participer à la direction. Je pense qu'il était même trop fou pour le conseil d'administration — il a été éliminé quelques mois plus tard. J'ai dessiné des graphiques et j'y ai placé des organisations, des personnes, des groupes, des organismes à but non lucratif, des fonctionnaires et des idéologies, avec des lignes reliant les éléments de connexion. Ce qui était étrange, c'est que le redéveloppement semblait être au centre de tout. Je me suis demandé si j'étais simplement obsédé ou si nous avions par inadvertance mis le pied au cœur d'une fosse aux serpents.

Le principal membre du conseil d'administration concerné était Gary Wysocky, ancien président de la Sonoma County Bicycle Coalition. La coalition cycliste avait été très agressive dans son soutien au projet de réaménagement de Gateways. Wysocky avait assisté à une "formation" de la Thunderhead Alliance, où il avait été si impressionné que sa citation avait été utilisée sur leur documentation. Elle l'est toujours — voici sa citation :

> *"Un kit pratique pour influencer les politiques publiques. J'ai appris des méthodes et des tactiques que j'utilise régulièrement. La politique du conseil d'administration prévoit désormais qu'au moins un membre par an participe à une formation Thunderhead." — Gary Wysocky, Président, Sonoma County Bike Coalition*

> *De nombreux groupes nationaux de défense de l'environnement et des transports parrainent des formations pour les candidats et les dirigeants. C'est l'une des raisons pour lesquelles vous trouverez le même jargon et le même raisonnement utilisés dans tout le pays. Ils ont été formés. Cette attitude de supériorité est encouragée chez les personnes faibles. On leur dit qu'ils sont meilleurs que les autres parce qu'ils vivent avec moins. On leur dit que la "création de richesses" est mauvaise parce qu'elle crée une société "déséquilibrée" (inéquité sociale) et qu'il vaut mieux travailler pour un organisme à but non lucratif en gagnant de faibles*

salaires. Hé, c'est la nouvelle pauvreté — c'est branché, c'est cool, c'est la nouvelle vague de l'avenir. Rouler à vélo montre que vous redéfinissez le progrès (je n'invente rien).

Quiconque s'oppose à ce qui est défini comme "l'équité sociale" est traité de "haineux". N'oubliez pas que l'intimidation devient un crime. Il n'y a donc qu'un pas à franchir pour passer de l'étiquette de "haineux" et d'utilisateur de "discours de haine" à l'identification d'un crime communautaire. Il existe un terme appelé "flipping". C'est lorsque vous êtes accusé de faire ou de dire ce que l'on vous fait ou dit en réalité. Cette tactique a été utilisée contre nous. Oui, cela fait partie de la panoplie pour influencer les politiques publiques.

Méthodes et tactiques

Alors, que lui ont-ils appris ? Thunderhead Alliance/People Powered Movement dit qu'il s'agit de "la seule série de formations professionnelles aux campagnes pour les dirigeants d'organisations de défense des cyclistes et des piétons". Vous apprenez à promouvoir des "rues complètes", à collecter des fonds et — ce que je préfère — à "cartographier la structure du pouvoir dans votre communauté, à soutenir et à tirer parti des alliés, et à neutraliser et convertir les ennemis ! Sachant cela, et sachant aussi qu'Enterprise Community Development (l'énorme promoteur Smart Growth à faible revenu subventionné par le gouvernement national) faisait partie du conseil d'administration de Thunderhead Alliance, j'ai eu froid dans le dos. Les coalitions de cyclistes sont les troupes de choc pour le réaménagement, qui militent pour une croissance intelligente et des rues complètes.

Voici le dépliant de Thunderhead pour la formation 2007 :

THUNDERHEAD ALLIANCE

cycling & health

Thunderhead Training Winning Campaigns Washington, D.C. – du 5 au 7 octobre 2007 PLUS une formation au lobbying le 8 octobre et des visites sur les collines le 9 octobre

La seule série de formations professionnelles pour les dirigeants d'organisations de défense des cyclistes et des piétons.

Rejoignez vos homologues qui défendent les intérêts des cyclistes et des piétons afin d'apprendre des coachs experts et de vous entraider à travers le programme éprouvé de Thunderhead sur le choix, la direction et la victoire des campagnes visant à promouvoir des rues complètes, où la marche et le cyclisme sont sûrs et courants.

Après trois jours de travail amusant et inspirant avec les plus grands experts en plaidoyer du pays, vous repartirez avec les outils et la confiance nécessaires pour devenir un leader dans votre communauté — un leader qui sait non seulement comment plaider pour des améliorations, mais aussi comment les gagner !

Vous apprendrez comment : choisir le bon sujet ; fixer des objectifs réalistes mais visionnaires, choisir les meilleures stratégies et tactiques, et respecter les délais ; établir la structure du pouvoir dans votre communauté, soutenir et tirer parti des alliés, neutraliser et convertir les ennemis ; communiquer efficacement, atteindre le bon public avec le bon message par le biais des bons médias,… et collecter des fonds, afin de renforcer votre organisation pour la prochaine grande victoire !

Au final, vous disposerez d'un plan de campagne détaillé qui vous garantira une campagne victorieuse et préparera votre organisation à de plus grandes victoires à l'avenir.

L'inscription ne coûte que 250 $ et comprend la réception du vendredi, le petit-déjeuner, le déjeuner, le tour de vélo et la fête du samedi, ainsi que le petit-déjeuner et le déjeuner du dimanche. La formation au lobbying du lundi et les visites sur le terrain du mardi sont incluses. 100 $ pour la formation au lobbying et les visites de la colline uniquement.

Des réductions sont disponibles pour les représentants supplémentaires de la même organisation.

Inscrivez-vous dès aujourd'hui sur www.thunderheadalliance.org

"Un kit pratique pour influencer les politiques publiques. J'ai appris des méthodes et des tactiques que j'ai utilisées sur une base régulière. Le conseil d'administration a désormais pour politique de demander à au moins un de ses membres de participer chaque année à une formation Thunderhead" - Gay Wysocky, présidente de la Sonoma Country Bike Coalition

"Même si j'ai une maîtrise en administration publique et de nombreuses années d'expérience, la formation était entièrement nouvelle pour moi, et valait bien le temps, le voyage et le coût ! " — Emily Drennen. Directrice exécutive par intérim, Walk San Francisco

"Ce qui est unique dans les formations Thunderhead, c'est qu'elles sont personnalisées ; tout était applicable à notre groupe de défense du vélo. C'est l'une des meilleures choses que j'ai faites en tant que directeur général de mon organisation. Cela vous donnera de l'énergie et vous ramènera chez vous, frais et dispos, prêt à faire les choses avec une nouvelle perspective" — Adam Fukushima, Exec. Directeur exécutif, San Luis Obispo County Bicycle Coalition.

Si vous voulez vous amuser, tapez "Natural Resources Defense Council" et "Smart Growth" dans votre moteur de recherche.

Vous verrez une photo d'une rue quelconque intitulée "Picturing Smart Growth". C'est amusant, vraiment. Cliquez dessus. La photo se transformera en une rue animée, praticable à pied ou à vélo, entièrement aménagée, avec des bâtiments construits à l'arrière du trottoir, des deux côtés. Mince, qu'est-il arrivé aux bâtiments qui étaient là avant ? À qui appartient ce terrain maintenant ?

Soixante-dix villes sont représentées sur leur carte interactive. Jetez-y un coup d'œil. Elle se dirige vers vous. Complete Streets" est un programme/plan législatif financé par vos taxes sur les transports et vos impôts sur le revenu, qui modifie les rues conformément aux exigences de la croissance intelligente. En peignant une bande cyclable dans la rue (couloir de transport), en faisant circuler un bus ou un train dans cette rue ou à proximité ET en mettant en place un système de croissance intelligente des deux côtés de la rue, elles sont alors "complètes". C'est beaucoup d'argent pour les promoteurs de Smart Growth et les opérateurs de logements à faible revenu. Ai-je mentionné qu'environ 20% des fonds de réaménagement sont censés aller aux logements à faible revenu ? Voyez-vous comment les coalitions de cyclistes et les promoteurs de logements à faible revenu sont liés dans le réaménagement ?

Je ne vous en voudrai pas si vous vous dites que cette femme, Rosa, et son partenaire sont peut-être vraiment tout ce qu'ils prétendent être, mais comment le saurais-je ? Eh bien, nous avons eu une surprise un jour où nous avons été contactés par l'ancien président de l'association de quartier de West Junior College, un homme très gentil qui écrit un bulletin d'information pour son église. Il nous a dit que la même chose lui était arrivée l'année précédente dans son quartier, juste de l'autre côté de Mendocino Avenue. Pourquoi ? Parce qu'il soutenait la construction d'un parking pour les étudiants du Junior College. Vous voyez, les groupes locaux de l'Agenda 21 de l'ONU ne veulent pas de plus de parkings parce qu'ils veulent que vous preniez votre vélo et viviez dans une croissance intelligente. En fait, la Sonoma County Bicycle Coalition a poursuivi le Junior College de Santa Rosa pour empêcher la construction du parking. Et notre nouvel ami, l'ancien président du quartier, ne voulait pas que les étudiants se garent partout dans son quartier, alors il a soutenu le garage. Il a été chassé, s'est senti victime de racisme (il est Afro-Américain), et s'est fait mentir par des voisins qui se trouvaient être des planificateurs de Smart Growth.

Tout se précisait pour nous, et ce n'était pas joli.

Quelques semaines ont passé et en août 2007, le conseil d'administration a convoqué Kay à une audience sur les résultats de l'enquête au domicile d'un membre du conseil. Bien entendu, ils ne l'avaient jamais interrogée, ni elle ni personne de notre entourage. Elle avait demandé la présence d'un avocat, mais sa demande a été refusée car il ne vivait pas dans le quartier. Aucun membre du quartier n'était présent, et personne n'était au courant. Lors de l'audience, qui ressemblait à une sorte de tribunal secret, elle leur a dit qu'il s'agissait plus d'eux que d'elle, et qu'elle prenait cela comme une déclaration de guerre — nous et notre association commerciale allions le faire savoir partout (nous avons ensuite distribué des prospectus dans le quartier). Elle venait d'accepter un poste au sein d'Habitat for Humanity pour diriger leur programme Women Build et ne voulait pas que cette controverse se poursuive.

(L'expérience d'Habitat pour l'humanité est une autre histoire politique surréaliste mais ceci est assez long). Elle a accepté de céder son poste de présidente à Gary Wysocky et de terminer son mandat de deux ans en tant que membre extraordinaire du conseil. Alors que le cauchemar se poursuivait, Wysocky a envoyé un courriel au conseil d'administration de la JCNA dans lequel il disait qu'il devait parrainer un pique-nique pour " étouffer la dissidence ". Quelques semaines plus tard, le tableau s'est éclairci lorsque Wysocky a annoncé sa candidature au conseil municipal en tant que " leader de votre quartier ". Cela a expliqué une grande partie du harcèlement. Les partisans de Wysocky avaient apparemment décidé qu'il avait besoin d'une position actuelle pour se présenter au conseil. Il ne s'était pas présenté contre Kay lorsqu'elle avait été démocratiquement élue six mois plus tôt, il devait donc maintenant prendre le poste " par nomination ".

Pouvez-vous imaginer le stress auquel nous avons dû faire face dans notre charmant quartier tranquille ? À certains moments, j'avais littéralement peur. Une belle petite ville dans la région viticole du nord de la Californie, et elle pourrissait de l'intérieur. Le pire dans tout ça, c'est que je sais maintenant que ce n'est pas inhabituel.

UNE COALITION D'AMIS

Nous sommes devenus des habitués des réunions du conseil municipal et de la commission d'urbanisme pendant des années, en défendant nos nouveaux amis. Nous avons aidé à stopper la taxe sur les zones d'amélioration commerciale qui aurait permis de canaliser l'argent des petites entreprises vers un organisme à but non lucratif, Main Street USA. À propos, Main Street USA organise des "formations" pour les employés de la ville chargés du développement communautaire et, dans un séminaire, leur enseigne comment surmonter leur plus grand obstacle : Les propriétaires. Parmi nos nombreux dossiers, nous avons contribué à maintenir ouvert le centre pour personnes âgées de la ville en aidant les personnes âgées à faire valoir leurs intérêts auprès de la ville. Nous avons remarqué qu'il semblait que quiconque s'alignait avec nous obtenait ce qu'il voulait, car la ville ne voulait pas que nous obtenions davantage de soutien de la part d'un électorat agité.

Nous avons fait un peu de collecte de fonds pour le procès et j'ai rencontré des personnes fantastiques qui ont généreusement donné à notre association à but non lucratif, Concerned Citizens of Santa Rosa Against Redevelopment Law Abuse. Comme toujours, j'ai garanti l'anonymat de nos donateurs, qui étaient des hommes d'affaires qui travaillaient dur. Ils devaient travailler avec la ville pour obtenir leurs permis et leurs contrats ; ils ne voulaient pas mettre cela en péril. L'un de nos avocats avait une fille homosexuelle et le cabinet a généreusement décidé qu'il pourrait faire une partie du travail gratuitement si nous acceptions de continuer à collecter des fonds, à effectuer des démarches pour le cabinet et à examiner tous les mémoires. J'ai organisé des déjeuners de travail, des réunions privées, des présentations et des publipostages en plus de nos bulletins d'information habituels.

Ces bulletins, que nous avons rédigés, imprimés et distribués pendant trois ans, étaient assez inhabituels dans notre ville et couvraient de nombreux sujets allant du réaménagement à la fermeture imminente du centre pour personnes âgées, en passant par la débâcle du train SMART (Sonoma Marin Area Rapid Transit), les plans généraux et le zonage. Les associations de quartier de la ville faisaient imprimer leurs bulletins gratuitement par la ville, mais le contenu devait être approuvé. Comment le savons-nous ?

Nous avons essayé de mettre une annonce dans l'un des bulletins d'information de la zone de redéveloppement. L'annonce concernait notre association commerciale et était très simple. Il s'agissait simplement d'une annonce de la création de notre groupe et d'une carte de visite portant le nom de Santa Rosa Area Business Association et l'adresse du site Web. L'annonce a été rejetée, la ville a refusé de l'imprimer. Nous avons donc rédigé et imprimé nos propres bulletins d'information de quatre pages, et nous les avons payés nous-mêmes. Nous les avons distribués à pied à des centaines d'entreprises et de propriétés. Nous avons appris à connaître beaucoup plus de gens, et j'ai commencé à penser que je connaissais maintenant certaines des meilleures personnes que j'avais jamais rencontrées, et certaines des pires.

Quelqu'un s'était assuré que mes patrons, le directeur adjoint de district du département des transports de Californie, Robert A. Macpherson, et le chef de bureau Mark Shindler, reçoivent une copie des nombreux articles et chroniques de journaux qui nous nommaient. Je leur suis reconnaissant de ne m'avoir jamais dit un mot à ce sujet, sauf pour me demander comment je tenais le coup.

La culture de l'intégrité au sein du District 4 de Caltrans Right of Way est forte.

Plus tard, la ville de Santa Rosa a demandé directement au directeur de ne pas me permettre d'évaluer quoi que ce soit à Santa Rosa pour le projet d'élargissement de l'autoroute ici. Il a dit OK, mais c'était parce que je m'occupais d'un projet plus important plus au sud. La ville ne le savait pas, cependant, et il était évident qu'elle voulait me nuire. J'ai obtenu l'information en déposant une demande d'accès aux archives publiques auprès de la ville pour obtenir tous les documents qu'elle possédait à mon sujet.

Les choses ont été calmes pendant un certain temps avec l'association de quartier — ils avaient obtenu ce qu'ils voulaient et Gary Wysocky a été élu au conseil municipal. Le conseil municipal était maintenant contrôlé par les partisans de la coalition cycliste. Sur les sept membres, quatre faisaient partie de cette faction. L'un d'entre eux, Veronica Jacobi, était un membre du conseil du Sierra Club qui n'avait pas de voiture — ni de réfrigérateur. Trop de gaz à effet de serre.

Mettez tout ça ensemble et ça donne l'agenda 21

Pendant ce temps, notre affaire, *Tokerud contre la ville de Santa Rosa*, est passée devant la Cour supérieure du comté de Sonoma et nous avons perdu. Nos arguments étaient excellents et notre soutien était fort, y compris certains "gotcha's" dynamites qui, selon nous, pouvaient faire échouer l'affaire de la ville, mais c'était comme si nous avions lancé des bombes et qu'elles étaient tombées comme des plumes. Rien n'a influencé le juge. Il n'y avait pas de jury dans cette affaire. Pas de justice non plus. Bien que la ville ait utilisé des informations obsolètes, que les calculs soient totalement flous et les données carrément fausses dans le rapport, et qu'elle ait conservé les statistiques des quartiers (15% de la superficie totale) qu'elle avait retirés de la zone du projet, le tribunal a quand même statué en faveur de la ville. Mon père, un avocat, avait l'habitude de me dire, lorsque j'étais enfant et que je me plaignais que quelque chose n'était pas juste dans la loi, "Ce qui est juste, c'est ce qui arrive en ville à la fin de l'été". C'est la dure vérité, comme je l'ai constaté dans mon travail de soutien aux litiges également. Vous pouvez avoir raison et perdre. L'aspect positif de cette défaite est que le juge a décidé que nous avions épuisé nos recours administratifs, c'est-à-dire que nous avions fait tout ce qui était possible pour que notre affaire soit entendue, et que nous pouvions passer au niveau de l'appel. Nos avocats nous ont conseillé de le faire, et nous avons donc continué à collecter des fonds — ce qui était plus difficile à faire maintenant que l'économie s'effondrait en 2007/2008. Au final, nous avons récolté environ cinq cent mille dollars en dons et en travail juridique *bénévole*. La ville a dépensé environ le double pour nous combattre — elle a peut-être dû travailler deux fois plus dur.

J'avais fait des recherches pour essayer de tout rassembler et j'apprenais quelque chose de nouveau toutes les deux heures, semblait-il. Nous nous sommes mis en contact avec d'autres groupes de défense des droits de propriété dans la région, dont l'un s'appelait Sonoma County Land Rights Coalition.

Principalement composé de propriétaires ruraux qui s'opposaient à la surveillance de leurs eaux souterraines par l'Agence de l'eau du comté de Sonoma, ce groupe se situait généralement à l'opposé de l'éventail politique de la plupart d'entre nous, mais cela nous importait peu. Le but était de réaffirmer nos droits de propriété privée. Grâce à leur leader, Orlean Koehle, nous avons découvert l'Agenda 21 des Nations Unies et l'ampoule s'est allumée. C'était le cœur sombre de ce que nous combattions.

J'ai lu les documents relatifs au plan Agenda 21 des Nations Unies, j'ai fait des recherches sur ICLEI, j'ai examiné les contrats gouvernementaux, j'ai regardé des vidéos, j'ai lu des livres, j'ai examiné les sites Web des groupes environnementaux et des gouvernements, et je me suis renseigné sur le plan des Nations Unies qui façonnait notre monde. Je suis passé du scepticisme à la reconnaissance du fait que la "révolution de la planification" que j'avais observée et contre laquelle je m'étais battu lors de mes réunions avec des urbanistes dans les neuf comtés de la baie de San Francisco pendant environ 10 ans était l'Agenda 21 des Nations unies. J'ai regardé les graphiques que j'avais établis sur les connexions dans le comté de Santa Rosa et de Sonoma et il m'est apparu clairement que le redéveloppement était au cœur de l'Agenda 21 de l'ONU/du développement durable, et qu'il en était le bras armé en matière de financement et de mise en œuvre. Heureusement pour nous, nous avions été attaqués par tant de groupes différents — cela m'a aidé à voir ces connexions et à identifier les acteurs. C'était énorme. Comme auparavant, j'ai dû me moquer de mon ignorance précoce en essayant de faire allégeance à certaines personnes dont j'aurais pensé qu'elles seraient des alliées. Les initiés du parti démocrate, les groupes environnementaux, les syndicats, les groupes civiques (ai-je mentionné que la Chambre de commerce et le promoteur local de logements à loyer modéré s'étaient joints à la ville contre nous dans le procès ?), les politiciens, la liste s'allongeait. J'avais même envisagé de me présenter au conseil municipal et j'avais rencontré un consultant politique, le mari de notre sénateur d'État. Il a dû penser que c'était assez drôle. Sa femme, la sénatrice Patricia Wiggins, était la fondatrice du California Smart Growth Legislative Caucus !

Mais ce n'est pas seulement une affaire de démocrates. Je ne veux pas suggérer qu'un parti est meilleur qu'un autre. Les gens au pouvoir veulent rester au pouvoir. Les gens qui veulent le pouvoir essaient de l'obtenir. Si vous suivez la trajectoire de Barack Obama, vous verrez que c'est le parti républicain qui lui a permis d'accéder à la présidence. Un peu de recherche sur son parcours depuis le Sénat de l'État jusqu'au sommet vous montrera qu'il a été amené à occuper son siège au Sénat des États-Unis grâce à l'effondrement de la campagne du candidat sortant et favori Jack Ryan (la femme de Ryan l'a accusé de turpitude morale au cours de leur procédure de divorce ; les dossiers judiciaires ont été scellés ; le journal Chicago Tribune a intenté une action en justice pour obtenir la levée des scellés, ce qui était sans précédent dans une affaire de divorce ; après le scandale, le parti républicain a fait pression sur Ryan pour qu'il abandonne la course alors qu'il menait Obama avec une énorme marge de 70:30 ; le parti républicain n'a pas réussi à identifier un nouveau candidat et, finalement, 3 semaines avant l'élection, a présenté Alan Keyes, un Afro-Américain catholique ultra-conservateur du Maryland, utilisé par les républicains comme un trouble-fête dans les courses). Keyes a perdu par une marge de 30:70 contre un sénateur d'État autrefois obscur de la banlieue de Chicago : Barack Obama. À mon avis, d'autres manœuvres ont assuré son élection à la présidence. Je ne veux pas entrer dans une affaire partisane. Si je mentionne cela, c'est pour dire que nous sommes manipulés. Les partis politiques font partie de la dialectique.

Le pouvoir n'a pas de parti. L'Agenda 21 des Nations Unies est non partisan.

J'ai appris l'existence de la dialectique hégélienne grâce à Niki Raapana, le plus grand critique du communautarisme au monde. Son livre, *2020 : Our Common Destiny*, est une excellente analyse du mouvement supranational du développement durable. La dialectique hégélienne est la base philosophique du communautarisme. L'idée est que la vraie liberté ne vient que par l'esclavage à l'État, car alors tout libre arbitre est abandonné à un ordre supérieur (le gouvernement).

Paradoxalement, l'esclavage apporte la liberté. Ce tour de passe-passe a plu à Karl Marx qui l'a utilisé politiquement. La soumission à l'État, pour le plus grand bien, apporte les joies d'une vie insouciante, en théorie. En pratique, pas vraiment. Le masque vert doit rester en place afin de mettre en œuvre ce "pour le bien de la collectivité", sinon ce sera le chaos domestique et l'interruption de l'exploitation du travail des masses.

Et juste une note concernant le totalitarisme et le fascisme — parce que c'est de cela que nous parlons ici. Chaque état totalitaire est basé sur ces cinq éléments :

- Informations complètes sur les habitants et les ressources
- Contrôle total des mouvements, des discours, des syndicats, des universités, des églises, de la production et des marchés.
- Terreur
- Vision d'un avenir glorieux
- Contrôle spartiate du présent, rareté

Le fascisme diffère en ce qu'il permet le contrôle des entreprises et la propriété privée avec des subventions gouvernementales (partenariats public-privé) et est essentiellement contrôlé par les grandes entreprises. Le reste des éléments sont les mêmes.

La terreur dans notre pays est considérée comme externe (l'histoire du 11 septembre), interne (l'histoire de l'anthrax, l'histoire du "shoe bomber"), et globale (l'histoire du changement climatique.) Que ces histoires soient basées sur la vérité ou non n'est pas pertinent. Nous serons encore en train de nous disputer à ce sujet en 2050 ; ce sera comme pour l'assassinat de JFK. L'histoire justifie le contrôle, c'est-à-dire le USA Patriot Act, l'augmentation de la surveillance intérieure, les perquisitions, les listes d'interdiction de vol, ainsi que les restrictions et les endoctrinements en matière d'utilisation des terres, de l'énergie, des transports et de l'éducation.

L'Agenda 21 des Nations Unies — Le développement durable est le futur glorieux rendu possible par le présent spartiate. C'est le masque vert. L'avenir est une représentation artistique d'un ciel bleu, d'espaces verts communs et de nombreuses personnes souriantes à vélo dans des villes propres et brillantes. Le présent, à court terme, est de plus en plus austère, plus restreint et imprégné de la rhétorique apocalyptique et paniquée du réchauffement climatique. Avec les outils à leur disposition, les villes et les comtés mettent en œuvre le plan Agenda 21 des Nations unies.

Ils ont recours au réaménagement, à l'application du code, aux boulevards cyclables, aux programmes de modernisation des bâtiments écologiques, aux taxes et aux amendes, aux plans généraux et à tout ce qui peut entraîner un gaspillage de temps et de ressources pour le "bien commun".

Oui, j'ai dit "gaspille du temps et des ressources". C'est un objectif de l'Agenda 21 de l'ONU. Le gaspillage des ressources, qu'il s'agisse de ressources humaines ou naturelles, est intentionnel. Comme George Orwell l'a dit dans son brillant ouvrage, *1984, une* guerre constante est nécessaire pour absorber les produits du travail de chacun afin de maintenir les pénuries et une culture de la rareté.

Les mesures d'austérité vont se multiplier. Les ressources naturelles seront interdites.

L'apport calorique sera réduit (vous êtes obèses !). La fabrication sera concentrée dans des camps de travail quasi esclavagistes, comme c'est le cas actuellement en Chine et en Inde. En fait, cette image correspond assez bien, n'est-ce pas ? Le modèle chinois ? Une usine au rez-de-chaussée d'un village de transit avec des logements à l'étage pour les ouvriers. Aujourd'hui vous regardez un dessin au pastel et demain vous serez dans une prison intelligente®. Vert !

Les démocrates contre l'agenda 21

Peu après avoir commencé à faire des recherches sur l'Agenda 21 des Nations unies, j'ai commencé à me demander si nous étions les seuls libéraux à en avoir connaissance et à le prendre au sérieux. Comment cela se peut-il ? Les démocrates possèdent des biens.

Les libéraux ne veulent pas vivre dans une corporatocratie. Les personnes libres n'acceptent pas un régime totalitaire. Les droits civils sont un élément vital de notre liberté — pourquoi les gens disaient-ils que l'Agenda 21 de l'ONU était un fantasme de droite ? Quel était le but de cette polarisation ? S'agissait-il de nous empêcher de regarder derrière le masque vert ? Nous savions certainement que nous étions sur la bonne piste, vu les efforts considérables déployés pour tenter de nous discréditer et de nous attaquer.

J'ai pensé à appeler le site *"Villagers avec des fourches"*, mais quelqu'un l'avait déjà. Sur le plan politique, j'ai réalisé l'importance d'élargir le spectre de la sensibilisation. Le fait d'être *Démocrates contre l'Agenda 21 de l'ONU* était décevant et inhabituel, mais j'espérais que c'était un signe avant-coureur du futur mouvement contre le contrôle totalitaire qui, espérons-le, viendra bientôt de la gauche. Le fait de réaliser que le mouvement environnemental a été détourné devrait secouer et réveiller les libéraux pour qu'ils s'engagent contre l'Agenda 21 de l'ONU. Il s'agit d'un mouvement populaire non partisan. Que vous buviez du thé ou du café n'a pas d'importance, mais restez à l'écart du Kool-aid.

La ville perd le contrôle

La tranquillité a pris fin au début de 2009 avec le boulevard cyclable de la rue Humboldt. La rue Humboldt est une rue collectrice nord-sud modérément fréquentée qui traverse notre quartier historique verdoyant sur environ 1,5 km. C'est notre alternative locale à la route principale plus fréquentée et toutes nos rues plus tranquilles y aboutissent. Le conseil des cyclistes et des piétons a décidé de demander au conseil municipal de faire de la rue Humboldt un "boulevard pour vélos". Un boulevard cyclable est censé être une rue à faible vitesse et à faible trafic qui donne la priorité aux vélos. Il peut comprendre des ronds-points, des déviateurs et d'autres obstacles pour entraver et décourager la circulation automobile. Une réunion de visualisation (Delphi) a été annoncée pour obtenir un "consensus du voisinage" pour le plan. Kay a distribué des prospectus informant le voisinage de la réunion, ce qui a terriblement contrarié le conseil. Ne voulaient-ils pas que quelqu'un se rende à la réunion et ne veuille pas que la rue soit fermée au trafic de transit ?

La réunion était une réunion Delphi typique avec une "vision" orientée vers le résultat prédéterminé de la construction du boulevard cyclable. Il n'y avait aucun moyen de savoir si les participants vivaient réellement dans le quartier ou s'ils venaient d'ailleurs pour influencer le "vote". Les plans prévoyaient la suppression de tous les panneaux d'arrêt à quatre voies dans cette rue assez fréquentée, l'installation de ronds-points aux intersections, la suppression d'une partie du stationnement, voire la fermeture totale de la rue au trafic de transit. Tout cela semblait pouvoir donner lieu à de graves accidents. Certains des résidents d'âge moyen et plus âgés qui ont émis des objections ont été qualifiés de "vieux grincheux" sur le site Web de la ville.

Vous pouvez imaginer à quel point ils étaient furieux.

Le mandat de deux ans de Kay au conseil d'administration de l'association de quartier était sur le point d'expirer et il était évident que les membres du conseil ne voulaient pas prendre le risque que quelqu'un d'autre, qu'ils ne pouvaient pas contrôler, entre au conseil. Qu'ont-ils fait ? Ils ont voté (Kay étant la seule voix dissidente) pour modifier le règlement intérieur afin, entre autres, d'interdire à quiconque de proposer une personne pour un poste à moins que cette personne n'ait été approuvée par le conseil au préalable. Qu'est-ce que cela signifie ? Il n'y aura plus jamais de conseil élu démocratiquement. Le conseil a tenu l'élection selon les nouveaux statuts, et je suis resté chez moi. Les "vieux grincheux" et leurs épouses nous ont contactés après la réunion de quartier et nous ont dit qu'ils étaient consternés par ce qui semblait être une élection truquée d'enthousiastes de la coalition cycliste. Voulions-nous commencer à organiser nos propres réunions ? Finalement, nous n'étions pas seuls.

J'ai créé un site Web en utilisant le constructeur de sites Web extrêmement facile Weebly dot com et nous avons décidé de nous appeler la Santa Rosa Neighborhood Coalition. Notre devise est "Impliquez-vous — c'est VOTRE ville !

Nous avons distribué des tracts dans le quartier pour annoncer une réunion de quartier sur des questions préoccupantes et nous avons organisé la réunion chez nous. Sur environ 400 prospectus, nous n'avons eu que 30 personnes à notre réunion. C'est l'état de la participation civique de nos jours — nous sommes tous tellement occupés. Mais le groupe de base était excellent. Outre le boulevard cyclable, nous avons inscrit un point très important à notre ordre du jour : la proposition de programme obligatoire de rénovation énergétique des bâtiments verts. Il s'agissait d'une proposition choquante qui avait été étudiée pendant un an par un groupe de travail de la ville appelé Green Building Advisory Committee. Composé de constructeurs, de groupes environnementaux, de la chambre de commerce, d'agents immobiliers et du promoteur de logements à faible revenu de la région, ce groupe rédigerait les nouvelles exigences en matière de construction écologique. Selon cette proposition, tous les bâtiments commerciaux et résidentiels existants de la ville seraient soumis à des inspections énergétiques obligatoires, du grenier au sous-sol. Pour faire appliquer cette mesure, les inspections devaient avoir lieu lors de la vente ou de la rénovation d'une propriété. Les améliorations énergétiques doivent être égales ou supérieures à 1,5% du prix de vente si la propriété est vendue, ou de la valeur de la rénovation. Aucun transfert de propriété ou permis de rénovation ne serait traité avant que l'inspection et les améliorations ne soient approuvées par la ville. Wow ! Santa Rosa serait la première ville des États-Unis à rendre cette mesure obligatoire. Le comité conseillait au conseil municipal d'adopter cette proposition et il n'y avait qu'une poignée de voix dissidentes (un agent immobilier et quelques constructeurs) sur les dix-neuf membres du comité.

Nous voulions réveiller les citoyens de notre ville. Certains membres de notre nouveau groupe pensaient encore que "la ville ne ferait pas une chose pareille" et ils ont invité la représentante de la chambre des agents immobiliers au comité consultatif sur la construction écologique à notre réunion pour parler de ce qui s'était passé au comité. Lorsqu'elle est venue nous parler, il était clair que la seule raison pour laquelle les agents immobiliers s'opposaient à cette mesure était qu'elle risquait de ralentir les ventes — et non parce qu'il s'agissait d'une fouille de nos maisons sans mandat. Pas parce que cela coûterait à chaque propriétaire un montant estimé à 750 $ pour chaque inspection. Pas parce que c'était une violation de notre droit à la vie privée. Après qu'elle ait clairement indiqué qu'elle ne se souciait que de ses commissions, je lui ai dit : "Écoutez, nous ne recevons aucune aide de la part du conseil des agents immobiliers ou de qui que ce soit. La seule chose que nous puissions faire est de faire des tracts dans la ville et d'attirer l'attention des gens sur ce sujet. Faisons-le."

J'ai écrit le flyer suivant et nous en avons fait 7000 copies. Une quinzaine d'entre nous ont divisé la ville en quatre quadrants et ont placé stratégiquement les tracts sur les pas de porte pendant plusieurs semaines. Voici le flyer :

Avis

La ville de santa rosa est en train d'imposer des exigences en matière de construction écologique à tous les bâtiments existants, ce qui aura un impact sur votre maison et votre entreprise. La ville élabore actuellement des directives qui peuvent comprendre :

Inspections et tests obligatoires (750 $) de chaque propriété à santa rosa

L'obligation pour tout propriétaire de payer jusqu'à 1,5% de la valeur de son bien immobilier en travaux d'amélioration énergétique avant de pouvoir conclure la vente de celui-ci

L'obligation pour tout propriétaire de payer jusqu'à 1,5% de la valeur de son bien en travaux d'amélioration énergétique avant de pouvoir obtenir un permis de rénovation

L'obligation d'augmenter l'efficacité énergétique de votre propriété de 15% à chaque fois que vous vendez ou obtenez un permis, quels que soient les travaux déjà effectués.

Lire des parties du rapport du comité consultatif sur les bâtiments écologiques :

Www.santarosaneighborhoodcoalition.com

Contact mayor Gorin : sgorin@srcity.org ou téléphone : (707) 543-3010

Participez------ c'est votre ville !

Nous avons pris soin de mettre des tracts sur les pas de porte des quartiers les plus riches de la ville, car nous pensions qu'ils pouvaient avoir une certaine influence à l'hôtel de ville. Peu de temps après avoir commencé à distribuer des tracts, nous avons appris que le maire et le secrétaire municipal étaient inondés d'appels. Le maire a supplié Kay d'annuler l'opération, mais elle a répondu que ce n'était pas son idée et qu'elle n'avait aucun contrôle sur la quinzaine de personnes qui distribuaient des tracts. J'ai appelé le maire sans m'identifier pour voir ce qu'elle dirait à ce sujet et elle m'a dit qu'il s'agissait juste de quelques "fauteurs de troubles" qui distribuaient des tracts et que la ville n'avait pas l'intention de suivre les recommandations du comité. Nous savions que ce n'était pas vrai, car le directeur municipal avait commandé des plans de travail et demandé des subventions. Dans l'une des pires manœuvres imaginables, la ville avait essayé de nous rouler dans la farine en essayant de glisser dans le plan général un texte disant que la ville " doit adopter un plan qui exige " les recommandations.

Kay a vu cela sur l'ordre du jour de la Commission de planification et a couru à la réunion. Elle a dit à la Commission de planification que nous poursuivrions la ville si cela était inséré dans le Plan général. Comme nous étions en train de poursuivre la ville, ils savaient peut-être que nous étions sérieux.

La formulation a été modifiée en "envisager l'adoption d'un plan".

Nous avons affiché tout cela sur notre site Web. La nouvelle est parue dans le journal et de nombreuses lettres ont été adressées au rédacteur en chef, dont la nôtre et celle du maire. Le maire était scandalisé par le fait que les dépliants avaient l'air officiels et a déclaré que nous avions délibérément essayé de semer la confusion dans l'esprit des gens. C'est faux. En fait, si la ville avait fait elle-même la publicité de ce programme, nous n'aurions pas eu à le faire. Si les associations de quartier et Neighborhood Alliance avaient été de véritables groupes de citoyens, nous n'aurions pas eu à le faire. Chaque fois qu'une lettre critiquant le plan de la ville paraissait dans le journal, je contactais les auteurs de la lettre et les invitais à nos réunions. Toutes ces lettres ont été publiées sur notre site Web. Elles y sont toujours — regardez sur Santa Rosa Neighborhood Coalition dot com, sous Green Building. L'"histoire" était que le programme allait créer de nombreux emplois verts et revitaliser l'économie. Mais le grand prix revient au programme de prêts pour l'énergie verte.

Parrainé par l'ICLEI, ce programme de prêt pour l'énergie verte doit être l'une des plus grandes gabegies jamais créées. Appelé Property Assessed Clean Energy (PACE), il s'agit d'un moyen de réaliser le rêve vert. Disons que vous êtes propriétaire d'une maison et que vous souhaitez y installer des panneaux solaires. Le coût est estimé entre 20 000 et 40 000 dollars. Vous n'avez pas l'argent et vous ne pouvez pas obtenir une ligne de crédit hypothécaire parce que vous avez déjà du mal à payer votre hypothèque. Mais le comté, parce qu'il est membre de l'ICLEI et qu'il s'est engagé à réduire les gaz à effet de serre, vous permettra d'obtenir un prêt pouvant atteindre 100% de la valeur nette de votre maison. Vous pourrez rembourser ce prêt en augmentant vos impôts fonciers sur une période de vingt ans. Peu importe que votre crédit soit mauvais ou que vous ne puissiez pas vraiment vous permettre d'acheter ces panneaux solaires, car le prêt est garanti par les taxes foncières et la maison. Soit vous les payez, soit la personne à qui vous vendrez ensuite la maison les paiera. Ça a l'air bien, non ? Eh bien, le plus gros problème immédiat est que si votre maison est saisie par la banque pour non-paiement de votre hypothèque, lorsque la propriété est vendue, la première chose à être payée est la taxe du comté. Oui, vous avez essentiellement placé votre deuxième hypothèque en première position devant la banque. En appelant cela une "évaluation de la propriété" au lieu d'un prêt, PACE pensait pouvoir tromper les prêteurs. Vous pourriez vous dire : "Qu'est-ce que ça peut me faire si la banque n'est pas remboursée ?". Vous vous en soucierez, c'est vrai, car la banque n'est pas prête à prendre plus de risques que ses prêts ne soient pas remboursés. L'agence fédérale de financement du logement (Fannie Mae et Freddie Mac) a donc proposé de réduire de dix pour cent le montant potentiel des prêts pour

CHAQUE propriété du comté. Incroyable, non ? Cela signifie que si vous deviez normalement verser un acompte de 20% et obtenir un prêt hypothécaire correspondant à 80% de la valeur du bien, après le programme PACE, même si vous n'y êtes pour rien, vous ne pourrez plus obtenir qu'un prêt de 70%. Vous devrez donc verser un acompte supplémentaire de 10% pour toute maison que vous souhaiteriez acheter dans tout le comté. Si vous souhaitez simplement refinancer votre maison, la FHFA (qui détient 85% de tous les prêts immobiliers) exigera que vous remboursiez l'évaluation PACE avant de vous accorder un refinancement. Ça vous convient toujours ? Je ne le pensais pas. Quel effet cela aurait-il sur la valeur des propriétés ? Elles baisseraient d'au moins 10%, non ?

Il y a beaucoup d'autres choses qui ne vont pas avec ce plan, comme le fait que vous achèteriez de vieux panneaux solaires pour plus qu'ils ne valent si vous achetiez une maison avec des panneaux vieux de dix ans et qu'il vous reste dix ans à payer sur l'"évaluation", la réfection de la toiture (que se passe-t-il si vous avez un toit de quinze ans et des panneaux de vingt ans ? L'Agence fédérale de financement du logement (Fannie Mae et Freddie Mac) a été poursuivie par le comté de Sonoma et le litige est en cours, mais le comté continue à accorder des prêts, je veux dire des évaluations. ICLEI a lancé une campagne vigoureuse (tapez ICLEI et PACE dans votre moteur de recherche) pour que le directeur de la FHFA démissionne et que PACE aille de l'avant. Il s'agit d'un programme pilote qu'ils veulent lancer dans tout le pays.

Vous vous demandiez d'où venait l'argent initial pour les "prêts", je veux dire les évaluations. C'est simple. Ils sont facilités par l'émission d'obligations de prêteurs privés. Qu'est-ce que c'est ? Si vous avez un peu d'argent à investir, vous pouvez obtenir un excellent retour sur investissement en prêtant à quelqu'un d'autre l'argent nécessaire pour installer des panneaux solaires sur son toit. La dette étant garantie par les taxes foncières, il s'agit d'un investissement sûr. Voici ce que rapporte Environmental Finance dot com le 1er avril 2010 :

> *La première obligation PACE a été émise par Berkeley, en Californie, en janvier 2009, mais 20 États ont adopté une législation permettant à leurs villes et municipalités de mettre en œuvre des programmes PACE, qui sont volontaires pour les propriétaires.*

> *"Cela change fondamentalement la donne", a déclaré Alan Strachan, cofondateur et associé directeur de Green Energy Loan, une société qui facilite les obligations PACE, aux participants du Wall Street Green Trading Summit en mars 2010.*

> *"Les villes ne sont pas structurées pour être des prêteurs, elles n'ont ni le personnel ni l'argent pour le faire", a déclaré M. Strachan. "Nous ne pouvons pas attendre que chaque juridiction locale s'organise. Wall Street pourrait aider à résoudre ce problème en "intervenant de manière forte et agressive avec des fonds proportionnels au risque très faible", a déclaré Strachan. "Je pense que nous pouvons mettre PACE sous stéroïdes et je pense que nous devons le faire".*

> *Le marché potentiel des obligations PACE — parfois appelées obligations volontaires d'investissement environnemental — pourrait dépasser **500 milliards de dollars**, mais certains partisans estiment que cette estimation est prudente et qu'elle pourrait atteindre 5,5 billions de dollars.*

Comme je l'ai dit, il y a beaucoup d'argent dans l'écologie. Outre les gros bailleurs de fonds, vous trouverez des installateurs électriques (installateurs solaires) et d'autres syndicats qui financent les politiciens qui tentent de rendre ces programmes obligatoires. Lisa Maldonado, directrice exécutive du North Bay Labor Council AFL-CIO, déclare sur sa page Twitter qu'elle *n'est "qu'une patronne syndicale ordinaire, travaillant pour la révolution, s'intéressant à la lutte des classes et attendant le grand bond en avant"*. Ouaip, on ne peut pas inventer ce genre de choses. Elle voulait dire le grand bond en avant du président Mao ? Que diable se passe-t-il avec les syndicats ? J'ai été fier d'être membre d'un syndicat pendant près de trente ans, mais je n'avais aucune idée de ce qu'ils faisaient avec mes cotisations. Et vous ? Payez-vous des cotisations qui soutiennent des candidats ? Qui décide qui reçoit votre argent ? Devinez quoi ? En 2001, lors de son congrès national à Chicago, l'AFL-CIO a officiellement adopté une résolution dénonçant l'étalement urbain et exhortant tous les syndicats à soutenir la croissance intelligente. Pourquoi ? Parce que, selon eux, les zones rurales et suburbaines ne soutiennent pas le travail syndical autant que les zones urbaines.

Une autre chose. Alan Strachan est bien connu dans cette région parce qu'il a construit un grand nombre d'immeubles à usage mixte de type Smart Growth (également appelé New Urbanism) hors des sentiers battus dans le sud-ouest de Santa Rosa. Ça n'a pas très bien marché.

En fait, M. Strachan a fait faillite, a été poursuivi par les investisseurs de son projet et a fait l'objet d'un jugement de 6,5 millions de dollars. Dans une autre action, les personnes qui étaient en fait propriétaires d'une partie du terrain sur lequel il a construit le projet l'ont également poursuivi. Les Bonfiglis, âgés de 78 et 82 ans, ont invoqué la fraude et la maltraitance des personnes âgées dans leur procès, qu'ils ont gagné en appel.

Le partenaire de Strachan dans Green Energy Loan, Dennis Hunter, en plus d'être impliqué dans l'exploration pétrolière, le transport des ordures, la banque, le développement immobilier et d'être propriétaire d'un jet Gulf Stream de quinze passagers, avait également conclu un accord pour servir de courtier au Sonoma County Climate Exchange (SCX), où il achèterait et vendrait des crédits carbone, contre rémunération. À l'instar d'une bourse, les négociants utiliseraient le SCX pour établir le prix de la transaction. Cap and trade. SCX a conclu un protocole d'accord avec la Campagne de protection du climat (affiliée à l'ICLEI, qui conçoit des plans de réduction de la consommation d'énergie pour les villes et organise des programmes scolaires pour former les étudiants au changement climatique) afin de coordonner le programme et d'être le "vérificateur tiers". Il s'agit d'un prototype pour d'autres échanges sur le climat dans le pays. Un autre fait amusant est que le percepteur/auditeur du comté de Sonoma, Rod Dole, a fortement encouragé ce programme, et maintenant il est sur le point de prendre sa retraite avec la pension la plus élevée du gouvernement du comté... et d'aller travailler avec Strachan et Hunter.

La nouvelle société s'appelle *Ygrene* et elle va organiser des prêts PACE pour rénover des bâtiments commerciaux en utilisant ce programme à Sacramento (capitale de la Californie). Rénovation d'immeubles de bureaux loués au gouvernement. Qui a la concession de goudron et de plumes à Sacramento ?

Au fait, Dennis Hunter est le même type de personne qui a fourni des bureaux à la Campagne de protection du climat du comté de Sonoma, à la Coalition cycliste du comté de Sonoma, à Solar Sonoma County et au Post Carbon Institute. Le logo du Global Legacy Center de Dennis Hunter est un globe terrestre posé dans la paume de la main d'un homme (blanc).

Une chose intéressante à propos de l'immeuble (31 D Street, Santa Rosa, CA) est qu'il appartenait au partenaire de Hunter dans l'entreprise de transport d'ordures. Il s'agit d'un ancien bâtiment bancaire construit dans les années 1970 et qui est ce que les évaluateurs appellent "fonctionnellement obsolète". C'est un grand espace mort avec une mezzanine et des gardiens de lapins au plafond bas à l'étage, sans ascenseur, vacant et difficilement adaptable à un usage de bureau. Il se trouve en face de l'hôtel de ville et la ville l'a acheté en 2009 (pour des "bureaux") pour un million de dollars de plus que la valeur estimée, qui était élevée. Il s'était vendu 3,5 millions de dollars au plus fort du marché, et la ville a payé un million de plus. Pendant un certain temps avant l'achat par la ville, Hunter l'a utilisé pour son centre. Maintenant, il est vacant et il a déplacé son Global Legacy sur un autre site.

Voici une photo de la liste des locataires toujours affichée sur la porte :

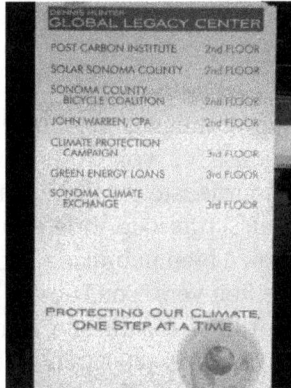

Outre le Sonoma County Climate Exchange, les Green Energy Loans, la Bicycle Coalition, la Climate Protection Campaign et leur comptable, ce groupe de copains comprend également le Post Carbon Institute. Ce groupe, basé à Santa Rosa, imprime des publications et fournit des conférenciers sur le masque vert. Ils disent qu'ils *"mènent la transition vers un monde plus résilient, équitable et durable"*. L'Institut Post Carbon (qu'est-ce que cela peut bien vouloir dire ?) a été interviewé pour un article récent du North Bay Bohemian qui nous a dénigrés, Kay, moi et ceux qui dénoncent l'Agenda 21.

Le journaliste a également cité la superviseure Valerie Brown (membre du conseil d'administration national de l'ICLEI-USA), qui a déclaré qu'elle ne connaissait pas de lien entre l'Agenda 21 et les droits de propriété. En plus d'être absurde, cette déclaration est remarquable car elle reconnaît l'existence de l'Agenda 21. Jusqu'à récemment, les responsables gouvernementaux prétendaient que l'Agenda 21 de l'ONU était un fantasme ou une théorie de la conspiration.

Maintenant, c'est sorti du placard.

Intitulé "Hidden Agenda", cet article a publié des mensonges sur nous et a inventé le terme "Agenda21'ers" dans le but de marginaliser les problèmes.

Peu de faits, beaucoup d'attaques personnelles. Vous pouvez lire l'article, ma réponse et voir ma vidéo de l'entretien téléphonique avec le journaliste du Bohemian sur le site Web de nos démocrates, sous la rubrique Video/Smear Article ou sur YouTube. Le Bohemian a bien publié ma lettre au rédacteur en chef, mais il a omis le lien vers YouTube et notre site Web. Il est très efficace de se filmer lorsqu'on est interviewé par une presse hostile afin de conserver une copie fidèle de l'interview. Ces articles ne meurent jamais, grâce à l'internet, et vous serez donc attaqué à plusieurs reprises au fil des ans par des personnes qui utilisent ces articles comme "preuve et soutien" pour leurs diffamations. Répondez par votre propre documentation.

Nous avons déjà vu comment les coalitions de cyclistes sont liées à la croissance intelligente et au redéveloppement. Vous vous souvenez que j'ai mentionné que j'avais dénoncé Michael Allen à la Fair Political Practices Commission alors qu'il était candidat à l'Assemblée de l'État. Il a ensuite été élu (avec le soutien du syndicat). Après son élection, il a été reconnu coupable des allégations et s'est vu infliger une amende. La raison pour laquelle je l'ai dénoncé était qu'il avait un grave conflit d'intérêts alors qu'il siégeait à la commission d'urbanisme de la ville. Le conflit ? Il avait un contrat rémunéré avec l'Agence de l'eau du comté de Sonoma pour faire pression en faveur d'un changement du plan général de Santa Rosa pour une propriété qu'ils possédaient. Ce changement de plan général a été présenté à la commission d'urbanisme de la ville, alors qu'il en faisait partie, et il a voté en sa faveur. Il n'a jamais mentionné qu'il était payé pour faire pression sur la ville. Ses contrats totalisent environ 95 000 $, et ses factures montrent qu'il a rencontré des fonctionnaires de la ville en tant que représentant du comté. En plus d'être membre de la commission d'urbanisme de la ville, il était également le directeur de terrain du sénateur Patricia Wiggins. Je l'ai déjà mentionnée plus haut : elle est la fondatrice du State Legislative Smart Growth Caucus. Michael Allen a également été président du North Bay Labor Council, qui représente principalement les syndicats d'électriciens (installateurs solaires). Un autre de ses emplois était le fondateur de Solar Sonoma County. Vous reconnaîtrez Solar Sonoma comme l'un des locataires du Global Legacy Center. Il s'agit d'un partenariat public-privé avec des membres à but non lucratif, des entreprises, des syndicats et des gouvernements. Voici ce qu'ils disent d'eux-mêmes sur leur site Web :

> *Solar Sonoma County (SSC) est une organisation qui soutient les questions de politique liées à l'énergie solaire et à l'efficacité énergétique, qui éduque et forme les membres de la communauté dans ces domaines, qui défend une industrie en pleine croissance et qui agit comme un centre d'information sur les énergies propres dans le comté de Sonoma.*

> *Le SSC s'inscrit dans le cadre d'un effort environnemental et solaire sans précédent à l'échelle du comté, qui a retenu l'attention du président Obama et du ministère de l'énergie, qui considèrent souvent le comté de Sonoma comme un modèle national pour les programmes de pointe.*

Ils recommandent notamment des installateurs de panneaux solaires et de chauffe-eau solaires.

OK, restez avec moi, je vais vous emmener faire un tour. Michael Allen a travaillé pour la sénatrice Patricia Wiggins alors que son état mental se détériorait rapidement. On suppose qu'elle était atteinte de la maladie d'Alzheimer. J'ai demandé qu'elle se soumette à un test de compétence ou qu'elle démissionne après une série d'incidents publics (voir notre site web Santa Rosa Neighborhood Coalition/More/Senator Pat Wiggins) et j'ai été interviewé dans la presse écrite, à la radio et à la télévision au sujet de mes observations personnelles sur son comportement. Le parti démocrate n'a pas voulu la destituer parce qu'il restait plus d'un an avant les élections et qu'il ne voulait pas que ses plans soient perturbés. Le sénateur *pro-tem*, Darrell Steinberg (auteur du SB 375, le projet de loi contre l'étalement urbain), a refusé de la remplacer et lui a fait purger son mandat depuis chez lui. Ils ne l'ont fait venir pour les votes que lorsqu'ils en avaient besoin et il fallait lui montrer sur quel bouton il fallait appuyer pour voter. Mes déclarations à la presse étaient les suivantes : "Qui rédige la législation qu'elle a parrainée ? Qui agit en tant que notre sénateur ?

Vous vous souvenez que j'ai dit que Michael Allen, son directeur de terrain, avait été sous contrat avec l'Agence de l'eau du comté de Sonoma lorsque je l'ai démasqué pour conflit d'intérêts ? Je suis un évaluateur de domaine éminent et j'étais vraiment perplexe sur la raison pour laquelle l'Agence de l'eau a dit l'avoir engagé. Ils ont dit qu'ils voulaient un changement de plan général pour leur siège social. Mon expérience m'a appris qu'il n'était pas nécessaire de faire pression pour un changement d'utilisation institutionnelle à une utilisation résidentielle lorsque le comté a libéré son bâtiment. Cela aurait dû être assez routinier. J'ai donc continué à creuser. Pourquoi l'Agence de l'eau voudrait-elle donner de l'argent à Michael Allen ?

Eh bien, un projet de loi, parrainé par la sénatrice Patricia Wiggins, est passé par le Sénat, le SB 730, qui aurait exigé l'installation de 200 000 chauffe-eau solaires dans le comté de Sonoma d'ici 2017 (coût moyen de 8 000 $). Il serait payé avec des remises provenant des augmentations des factures des contribuables. Une sorte de taxe. Rien que cela, c'est une idée stupéfiante, mais devinez qui allait gérer le programme ?

Agence de l'eau du comté de Sonoma. Et qui d'autre en bénéficierait ?

Vous vous souvenez que j'ai mentionné que Michael Allen représentait aussi les syndicats d'électriciens ? Quelques jours avant que je dépose ma plainte officielle contre Michael Allen, le projet de loi 730 du Sénat a été retiré. Ont-ils paniqué ? Je n'ai pas seulement dénoncé Michael Allen. J'avais aussi dénoncé le directeur général et l'ingénieur en chef de l'agence des eaux du comté de Sonoma.

La Commission des pratiques politiques équitables n'a pas poursuivi l'affaire contre l'Agence de l'eau, mais elle ne m'a jamais dit pourquoi. Ne semble-t-il pas étrange qu'il soit acceptable de payer pour influencer quelqu'un mais pas d'accepter l'argent ? Les deux ne devraient-ils pas être répréhensibles ?

Devinez ce qui s'est passé juste après que j'ai dénoncé Michael Allen ? Le Santa Rosa Press Democrat l'a mis dans le journal. Mais qu'ont-ils fait d'autre ? Ils ont publié un article vicieux sur moi, avec ma photo, me traitant moi et mon groupe d'ombres, et imprimant des insultes à notre sujet de la part des membres de l'Alliance de quartier. Pourquoi étions-nous "dans l'ombre" ? Parce qu'aucun des autres membres du groupe ne voulait que son nom soit utilisé publiquement. Pouvez-vous les en blâmer ? Une autre chose qui revient dans ce bastion de la diversité et de l'acceptation de la Californie du Nord est que ces articles d'attaque mentionnent toujours ma partenaire, Kay. Pourquoi ? Ils veulent vous faire savoir que je suis gay, au cas où cela aurait une influence négative sur vous. Je n'ai jamais mentionné Kay à l'un ou l'autre des deux principaux journalistes des articles offensifs, mais ils l'ont quand même mise dans les articles. Ce qu'ils disent d'elle est un mensonge concernant son expérience en tant que présidente de quartier. Ces articles, comme je l'ai déjà dit, seront utilisés encore et encore pour "justifier" de futures diffamations.

Quel est l'intérêt de légiférer sur les rénovations énergétiques obligatoires ? À Seattle, la ville a découvert que la promesse de milliers de nouveaux emplois "verts" pour les travailleurs chargés de l'intempérisation et de la rénovation n'a pas donné de résultats. Combien d'emplois ont-ils été créés au cours de la première année du programme ? Quatorze, dont la plupart étaient administratifs. La ville a estimé que pour utiliser pleinement les 20 millions de dollars de subventions fédérales pour l'intempérisation avant leur expiration en 2013, elle devrait rénover 200 maisons par mois (environ 10 maisons par jour de travail). Ce serait le seul moyen pour la ville de créer les 2 000 emplois qu'elle avait envisagés. Combien de maisons ont été rénovées au cours de la première année ?

Trois. Ce serait certainement plus facile si les mises à niveau étaient OBLIGATOIRES, n'est-ce pas ?

Est-ce que tout cela devient plus clair ?

Après que sept mille dépliants aient remué les citoyens, la ville a abandonné le plan mais n'a jamais pris de décision officielle. Le conseil municipal a dit que nous avions "peur du changement". C'est une insulte courante : nous avons peur et c'est pour cela que nous nous opposons à ce que nos droits soient bafoués.

Ils jouent la carte de la honte et de l'embarras. La rhétorique ne s'arrête jamais. Cependant, le tollé a été suffisant pour que le programme d'écologisation obligatoire soit mort, pour l'instant.

Quand l'idéologie se heurte à la réalité

Malheureusement, le boulevard cycliste de la rue Humboldt est bien vivant. Vous êtes fatigués ? Bien sûr que oui. Nous avions l'impression de toujours nous battre contre quelque chose et cela nous épuisait. Je vous donnerai quelques conseils pour éviter cela dans la section Que puis-je faire ? à la fin du livre.

Vous verrez des boulevards cyclables, des mesures d'apaisement de la circulation et des régimes routiers apparaître un peu partout aux États-Unis dans le cadre des plans "Complete Streets". Après avoir assisté à la suppression des panneaux stop et à l'installation de cercles temporaires au milieu des intersections, j'ai décidé d'arrêter de faire du vélo. C'était trop dangereux. Ce plan visant à compléter les rues en les rendant soi-disant sûres pour les cyclistes était bien plus dangereux que de les laisser telles quelles. Outre l'installation de ronds-points déroutants, le plan prévoyait la suppression des passages pour piétons et le rétrécissement des rues aux coins en installant des barrières à partir du trottoir. Les cyclistes qui, de toute façon, s'arrêtaient rarement aux panneaux d'arrêt, pouvaient désormais traverser les intersections sans problème. Les piétons ne pouvaient pas traverser en toute sécurité aux angles, car les cercles au milieu des intersections poussaient les voitures dans les passages pour piétons. La ville a sablé les passages pour piétons. Maintenant, les piétons sont censés traverser au milieu du pâté de maisons. Quel gâchis. La ligne centrale a été supprimée de la rue. L'idée était que tout le monde allait "partager" la rue de manière égale. C'est devenu une course d'obstacles vraiment effrayante.

Nous avions fait notre propre enquête en comptant le nombre de cyclistes dans la rue pendant plusieurs jours et il était clair qu'elle n'était pas nécessaire. La coalition des cyclistes a organisé de grandes foules de cyclistes pour descendre la rue car elle n'était pratiquement jamais utilisée par les vélos et les statistiques de la ville le reflétaient. La Junior College Neighborhood Association a lancé un appel aux 1 000 membres de la Sonoma County Bicycle Coalition pour qu'ils viennent rouler sur notre boulevard cyclable.

Lorsque les choses ont commencé à chauffer, deux tableaux d'affichage ont été installés dans le quartier, payés avec les fonds du conseil consultatif communautaire. Ces panneaux d'affichage étaient contrôlés par le JCNA et étaient verrouillés. On y trouvait de la propagande pour le boulevard cyclable et pour le Sommet de quartier. Nous avons demandé que notre propre affiche y figure, mais ils ont refusé et ont dit qu'aucune information politique ne pouvait être affichée sur les tableaux d'affichage. Le simple fait que nous existions était "politique".

D'une certaine manière, leur propagande n'était pas politique, même si elle portait sur le même sujet. Nous avons affiché nos tracts au dos des panneaux que nous avions payés avec nos impôts mais que nous ne pouvions pas utiliser. Nous avons fait quelques vidéos YouTube des panneaux — allez sur YouTube et tapez Humboldt Street Bike Boulevard Fight dans la ligne de recherche. Je vous suggère également de consulter notre site Web : Santa Rosa Neighborhood Coalition sous Humboldt Street Bike Boulevard.

Eh bien, ça s'est transformé en guerre. Je ne plaisante pas avec ça. Voisin contre voisin. Il y avait une énorme quantité de fanatisme de la part des partisans de la modération du trafic et des cyclistes. Le simple fait de souligner raisonnablement que le rétablissement des panneaux stop et d'une ligne centrale dans la rue serait plus sûr suffisait à les faire hurler. Ils voulaient être connus comme une ville dotée d'un boulevard pour les vélos et si on remettait les panneaux stop, cela ne comptait pas. Ils voulaient des déviateurs, c'est-à-dire des barrières qui feraient de la rue un cul-de-sac pour les voitures. C'était vraiment impopulaire. Gary Wysocky, l'ancien président de la Bike Coalition, qui était maire-adjoint à l'époque et qui exerçait une forte pression pour ce que certains appelaient son "Bully-Vard", est allé en personne voir certaines personnes de notre groupe et leur a dit que nous n'étions pas dignes de confiance et qu'il fallait nous éviter.

Des groupes anonymes d'hommes en spandex, casques et lunettes de soleil criaient sur les gens dans les voitures et arrachaient nos tracts des poteaux téléphoniques. Nous avions des tracts jaune vif qui disaient "Restore Humboldt Street" et ils ont été recouverts d'autocollants "I (heart) Humboldt Bike Boulevard". Kay s'est procuré une grande échelle et a parcouru la rue de long en large en affichant nos flyers à environ 3 mètres du sol.

Quelqu'un a posté des tracts drôles mais scandaleux qui disaient que *les talibans de la bicyclette étaient là*. Nous avons été accusés de les avoir affichés mais nous n'avons rien à voir avec ça. J'ai fait une vidéo des tracts sur les poteaux téléphoniques et elle est sur YouTube (Humboldt Bike Blvd. Fight).

Nous sommes tombés sur quelqu'un d'autre, tard dans la nuit, alors que nous étions en train de poster des flyers. Ses tracts disaient "Je (cœur à l'envers) Humboldt Bike Boulevard". Il était évident que beaucoup de gens étaient mécontents. Un groupe de voisins handicapés était en colère parce que les abaissements de trottoir étaient maintenant au mauvais endroit — ils ne pouvaient pas traverser aux coins et se sentaient vulnérables. Cela nous a donné une idée. Nous avons déposé une plainte officielle auprès de l'administration fédérale des autoroutes pour signaler que la rue n'était pas conforme à l'Americans with Disabilities Act. La ville venait juste d'être obligée de faire deux millions de dollars de mises à niveau pour des bâtiments municipaux non conformes à l'ADA. Peut-être que notre plainte empêcherait ce dangereux réaménagement de la rue de devenir permanent.

Il devait s'agir d'un essai de six mois, mais il était toujours en vigueur 18 mois plus tard lorsque, après une douzaine de réunions à Delphes, des lettres à la rédaction, des présentations aux membres du conseil municipal et des réunions de quartier, nous nous sommes réunis pour l'épreuve de force finale dans la salle du conseil municipal. Nous avions parrainé une pétition pour restaurer la rue, et elle comportait près de 700 signatures locales. Nous voulions que ces cercles disparaissent de la rue et que les panneaux stop y soient remis. De très nombreux accidents évités de justesse ont eu raison de nous. L'employé de la ville était incompétent et avait apparemment déformé les statistiques concernant le nombre de voitures et de vélos dans la rue. Les pompiers et la police avaient râlé à propos des cercles mais avaient accepté. Le service d'ambulance n'avait pas été consulté. Les parents et l'administration de l'école primaire étaient contre. Lors de la réunion du conseil municipal qui a duré toute la soirée, des files d'attente se sont formées. J'y suis allé et j'ai dit : "Voilà ce qui arrive quand l'idéologie se heurte à la réalité."

Nous pensons que notre rapport sur la question de l'ADA, combiné à la publication de l'information selon laquelle le projet achevé était censé coûter encore HUIT CENT MILLE DOLLARS et avait déjà coûté près de 200 000 dollars, a permis d'arrêter le projet. Pendant que nous nous battions, c'était la saison électorale. L'opposition s'est servie de ce sujet comme d'un enjeu de campagne, a écrasé la majorité de la coalition cycliste au conseil et a gagné. Le nouveau conseil s'est engagé à supprimer les cercles et à remettre certains des panneaux d'arrêt. Pas de déviateurs. La nouvelle majorité du conseil soutient également le redéveloppement, cependant, et a refusé de revenir sur la décision de l'ancien conseil d'éliminer la diffusion des commentaires publics lors des réunions du conseil sur la télévision communautaire. Bien que nous ayons récupéré notre rue, c'était au prix de la paix dans le quartier et cela a effectivement épuisé les membres de notre coalition après 18 mois de lutte.

Un coup d'œil derrière le miroir

La raison pour laquelle je vous ai raconté tout cela est que c'est ainsi que les communautés sont déchirées. Dans le monde d'Alice au pays des merveilles de l'Agenda 21 de l'ONU, les choses sont à l'opposé de ce qu'elles sont censées être. Ainsi, si le nouveau consensus est censé solliciter la participation des "parties prenantes", c'est l'inverse qui se produit. En fait, l'*apparence* de participation est tout ce qui est nécessaire. Vous serez là, et on vous demandera votre avis, mais uniquement sur les questions que le Delphi décide d'aborder. Vos objections seront ignorées et le résultat sera ce qui était prévu lorsque la ville vous a informé qu'elle avait un plan. Pour que cela ne se produise pas, vous devrez faire un effort important, et le faire soigneusement, sinon vous serez perçu comme "désagréable" — nous savons à quel point c'est mauvais. Le véritable objectif est de vous mettre sur la touche et de vous faire taire. À la fin du livre, dans la section "Que puis-je faire ?", vous découvrirez comment anti-Delphi une réunion.

L'un des grands mensonges de l'Agenda 21 des Nations unies/du développement durable est qu'il "construit des communautés fortes". C'est le cas, mais pas de la manière dont on pourrait s'y attendre. Il s'agit d'une démocratie gérée et d'un consensus fabriqué. Le concept de "quartier fort" est né à Seattle, où le département des quartiers était dirigé par Jim Diers.

Il est venu dans notre ville l'été dernier pour parler au premier *Neighborhood Summit* sur la façon de créer des associations de quartier. Il se rend dans toutes les communautés des États-Unis pour leur apprendre à créer des "quartiers forts" à l'aide de ce modèle. Le plan stratégique pour les villes durables est un projet de l'Agenda 21 de l'ONU. Si vous consultez le document de l'Agenda 21 de l'ONU, vous constaterez que le "renforcement des capacités" pour des quartiers forts en fait partie.

L'idée est que les quartiers ont besoin d'une "voix" — c'est ça le "problème".

La "solution" ? Comme Seattle, la ville va les aider à se faire entendre en créant un autre service gouvernemental et en engageant des animateurs privés pour diriger les associations de quartier. Oui, c'est vrai.

Pas de voisins désordonnés qui dirigent l'association de quartier.

Les Delphes, financés par les contribuables, s'occupent de vous. C'est soi-disant parce que les voix de certaines personnes ne sont pas entendues lorsque des personnalités plus fortes dirigent les choses, de cette façon le quartier a un pipeline direct dans la ville, et vice versa. Maintenant, ne pensez pas que la prise de contrôle de notre association de quartier était une chose naturelle, organique. Ce n'est pas le cas. C'était une association de quartier fabriquée de toutes pièces, avec des joueurs de l'équipe Smart Growth. Leur contrôle leur permet de choisir les gagnants et les perdants en utilisant des moyens non gouvernementaux. De cette façon, ils peuvent changer la ville sans avoir à rendre des comptes et diriger le changement sans reconnaître qu'il a lieu.

Jim Diers travaille désormais avec l'Asset Based Community Development Institute de la Northwestern University à Chicago.

Ils ont une faculté assez étendue. Devinez qui en fait partie ? Michelle Obama. Oui, elle et Barack ont été formés au développement communautaire basé sur les actifs.

Voici ce que j'avais à dire sur le développement communautaire fondé sur les actifs sur le site Web de la Santa Rosa Neighborhood Coalition :

> *"L'été dernier, un sommet de quartier a eu lieu ici à Santa Rosa. Il était dirigé par Tanya Narath, directrice d'une organisation non gouvernementale (ONG) privée appelée*

Leadership Institute of Ecology and the Economy (LIEE), qui s'est engagée dans un partenariat avec la ville (son objectif déclaré est d'"éduquer les leaders pour créer des politiques publiques"). Le LIEE est le groupe source des membres "verts" du conseil municipal, un incubateur politique, et épouse les vertus de la croissance intelligente, du zonage basé sur la forme, de la vision, du redéveloppement, du développement orienté vers le transport en commun, du développement à haute densité, de l'Agenda 21 de l'ONU, etc. Tanya Narath est également présidente du conseil consultatif communautaire de la ville. Le conseil consultatif communautaire est en mesure de décider qui obtient quel argent lorsque les quartiers demandent des "subventions" à la ville. Ça pue un peu.

L'été dernier, lors du Santa Rosa Neighborhood Summit, Tanya Narath a engagé Jim Diers, de l'Asset Based Community Development, pour venir donner un séminaire (dans la salle du conseil municipal) sur la création d'associations de quartier."

Qu'est-ce qu'un sommet de quartier parrainé par la ville ou une ONG, vous demandez-vous ? Il s'agit d'un groupe de "leaders de quartier" triés sur le volet qui ont reçu une formation sur le développement communautaire basé sur les actifs et la technique Delphi. Leur objectif ? Créer des associations de quartier qui sont gérées et manipulées par des facilitateurs qui ont appris la "construction du consensus" et l'utilisent pour faire avancer les plans de la ville. Ils appellent cela "renforcer Santa Rosa" et "équilibrer les droits de l'individu avec les besoins de la communauté". C'est du communautarisme. On vous manipule en vous faisant croire que vos idées façonnent ce que la ville est en train de créer, mais en réalité vous ne faites que de la figuration. Que veulent-ils faire ? Outre le fait de vous faire sortir de votre voiture et d'essayer de vous faire installer des panneaux solaires hors de prix sur votre toit, ils encouragent le développement communautaire basé sur les actifs (ABCD).

OK, qu'est-ce que c'est ? Et pourquoi devriez-vous vous en préoccuper ? Vos compétences, vos espoirs, vos rêves, vos projets, vos talents, votre viabilité financière et votre condition physique sont consignés dans un questionnaire de onze pages qu'ils appellent "inventaire des capacités". Ils font l'inventaire de VOUS.

Le processus de cartographie des atouts de la communauté est vital pour ABCD. Qu'est-ce que c'est ? Cartographie : vous placer sur une carte physique avec le lien vers votre questionnaire. Atout : VOUS êtes l'atout. La "cartographie des atouts de la communauté" est un moyen de contrôler et de gérer un groupe de personnes et de leur demander d'utiliser leurs compétences d'une manière prédéterminée au "bénéfice" de la communauté. Qui décide de ce qui profite à la communauté ? Les "leaders" triés sur le volet. En dressant la carte d'une communauté, ces groupes déterminent-ils qui a quelque chose à offrir à la collectivité et qui n'en a pas ? Avez-vous remarqué que les étudiants sont censés, et parfois obligés, de faire du "service communautaire" ? Les petits délinquants et les contrevenants à la loi sont souvent tenus d'effectuer des "travaux d'intérêt général". Est-ce du bénévolat ?

Qu'arrive-t-il à ceux qui ne contribuent pas au collectif ? Comment les inciter à contribuer ?

Qui va obtenir vos services pour rien ? Les organisations à but non lucratif favorisées, qui ont l'esprit d'équipe et sont axées sur l'agenda. Ce sont les groupes qui encouragent la croissance intelligente, le nouvel urbanisme, la gouvernance par des comités non élus et les fausses associations de quartier.

Vous avez remarqué que les mots Vibrant et Walkable se sont ajoutés à toutes les activités de la ville ? Cela est dû au mouvement SMART GROWTH. Le Leadership Institute for Ecology and the Economy (remarquez que ce sont deux des trois cercles imbriqués de l'Agenda 21 de l'ONU), un groupe local privé à but non lucratif qui soutient ce mouvement, utilise des techniques pour en savoir le plus possible sur vous afin de vous inciter à vous porter volontaire. Ils appellent cela le VOLONTARIAT OBLIGATOIRE. Si vous trouvez cela drôle maintenant, vous ne le trouverez plus quand ils en auront fini.

Une autre chose à noter est la façon dont Portland et Seattle sont toujours présentées comme le modèle pour Santa Rosa. Peu importe que chacune de ces villes compte plus de 600 000 habitants, et que Santa Rosa en compte environ 170 000.

Nous sommes censés les utiliser comme modèle. De quelle manière ? Les vélos et l'énergie, et maintenant, le VOLONTARIAT.

Tout cela peut sembler sans rapport avec le sujet et peut être même un grand "et alors". Mais si vous replacez tout cela dans le contexte de l'Agenda 21 des Nations unies et du développement durable, vous verrez que l'objectif final est de tout savoir sur vous et d'utiliser ces informations pour vous manipuler et vous gérer. Grâce à l'utilisation des techniques de cartographie du système d'information global (SIG), les volontaires (groupes religieux, associations de quartier, coalitions de cyclistes) seront utilisés pour vous cartographier, fournir vos compétences à la "communauté" et imposer le VOLONTARIAT OBLIGATOIRE aux organisations favorisées par la pression sociale. "

Plutôt intéressant, non ? Vous pouvez voir ce questionnaire sur le site Web des Démocrates contre l'Agenda 21 de l'ONU. Consultez l'article du blog du 17 décembre 2010 (The Way We See It) intitulé "Comment savoir si vous êtes un bon Allemand". Si je l'ai appelé ainsi, c'est parce que dans l'Allemagne nazie, le citoyen lambda soit aimait le nazisme, soit " suivait le mouvement ".

Il y avait même un "chef de quartier" local qui se trouvait au bas de la hiérarchie nazie et qui était censé s'assurer que vous fassiez exactement cela. Il était responsable d'une cinquantaine de maisons dans son quartier et avait pour mission de diffuser de la propagande et d'obtenir le soutien des nazis. Il était également un espion, et toute personne qui s'exprimait contre l'État était dénoncée à la Gestapo. Cela permettait aux nazis de garder le contrôle sur tout le monde — tout le monde avait un "dossier". Aujourd'hui, dans le langage courant, un bon Allemand est du type "qui va de l'avant pour s'en sortir". La nationalité n'a pas d'importance. Tout le monde peut être un "bon Allemand".

Le conseil de quartier a reproché à Kay, lorsqu'il s'est battu pour qu'elle quitte la présidence, d'être opposée à la ville, puisqu'elle la poursuivait en justice. C'était nouveau pour nous que nous soyons tous supposés nous entendre avec la ville pour nous entendre, mais c'est le nouveau consensus. De leur point de vue, quiconque s'oppose à l'Agenda 21 de l'ONU est un personnage désagréable. Si vous ne voulez pas vous conformer au résultat pré-approuvé et prédéterminé, vous êtes un fauteur de troubles qui ne devrait pas représenter votre quartier. Il semble que le véritable objectif soit de démanteler et de reconstruire les quartiers, tant physiquement qu'émotionnellement. Pour briser les allégeances, identifier les dissidents et encourager la loi du plus grand nombre. L'ingénierie sociale est puissante et a un impact énorme. Comme les "vieux grincheux" qui se sont opposés au boulevard cyclable, beaucoup de ceux qui s'opposent à ces méthodes doivent braver l'étiquetage, le rejet et l'agression pure et simple pour se faire entendre.

La fin de la ligne

La Cour d'appel de San Francisco nous a accordé sa chance à la mi-2009 et il était clair que nous avions perdu. Bien que notre avocat ait plaidé l'affaire et que nous ayons eu les faits de notre côté, cela n'a pas suffi. Lorsque l'un des juges a posé une question sur les valeurs d'évaluation, j'ai pu constater qu'elle ne comprenait pas les problèmes de dégradation ou qu'elle faisait délibérément preuve d'un parti pris en faveur de la ville. Notre cas était inhabituel et nécessitait des connaissances spécialisées, mais je pensais que nous les avions fournies aux juges. C'était terminé. Nous avions peut-être perdu l'affaire, mais la ville avait été empêchée de mettre en œuvre ses plans pendant trois ans. Au cours de ces trois années, de 2006 à 2009, la valeur des propriétés et l'activité économique ont connu la chute la plus brutale depuis la Grande Dépression de 1929-1939. À cause de notre action en justice, le potentiel de logements à but lucratif et de projets à usage mixte financés par le réaménagement avait disparu pour longtemps. Nous avons assisté à la faillite de nombreux grands argentiers de la ville. S'ils avaient lancé des projets de redéveloppement en 2006, il était probable que les projets auraient échoué par manque de fonds. La ville avait utilisé le récent vote (dans les comtés de Sonoma et Marin) pour une augmentation de la taxe de vente pour un train à grande vitesse pour justifier la révision du plan général pour un développement résidentiel à haute densité dans un rayon de ½ mile des gares inexistantes. Aujourd'hui, en 2011, il semble que l'augmentation d'un quart de cent de la taxe sur les ventes ne suffira pas à couvrir le coût des trains (elle couvre les salaires et les pensions du personnel), et il faudra de nombreuses années avant que le train ne soit entièrement acheminé.

Nous avons donc perdu mais l'économie les a empêchés de s'amuser avec nos impôts fonciers. Ils ont encore le pouvoir d'expulsion pendant sept ans et la zone de projet de réaménagement de Gateways n'expirera pas avant 2036, si jamais elle expire. Aucune zone de projet de redéveloppement dans l'État de Californie n'a jamais expiré — elles sont toujours prolongées. Il suffit d'un vote du conseil disant "Il y a encore des problèmes". La supposée dégradation continue encore et encore. Et s'étend : En 2010, le puissant lobby californien du redéveloppement a tenté de redéfinir la notion d'insalubrité pour y inclure les quartiers où les taux de diabète, d'obésité et d'affections pulmonaires sont les plus élevés. Il a soutenu un projet de loi en ce sens à l'Assemblée. Cela fait partie de l'élément d'équité sociale de l'Agenda 21 de l'ONU. Le projet de loi 2531 de l'Assemblée a fait l'objet d'un veto du gouverneur Arnold Schwarzenegger, mais c'est un exemple de la pression exercée pour maintenir cette vache à lait.

N'oubliez pas que l'argent qui est détourné vers la Redevelopment Agency et les courtiers en obligations est prélevé sur les fonds généraux de votre ville et les services de votre comté. Ne tombez pas dans le piège du lobby du redéveloppement. C'est une bonne chose que le gouverneur de Californie Jerry Brown ait mis fin au redéveloppement, mais comme les villes peuvent continuer à le faire en choisissant de reverser à l'État une partie de l'argent des impôts détourné par le redéveloppement, le jeu continue. Arrêtez le redéveloppement et les districts de financement des infrastructures et vous détruirez un outil important de l'Agenda 21 de l'ONU.

Alors que nous préparions les bulletins d'information pour informer nos collaborateurs et les autres citoyens que nous avions perdu le procès, j'ai reconnu que nous avions fait le bon choix en nous battant. La malhonnêteté et la tromperie inhérentes à la gestion et à la création de projets de réaménagement étaient systémiques.

Dans le contexte de l'Agenda 21 des Nations Unies - Développement durable, mes yeux ont été ouverts sur la vaste alliance de groupes environnementaux, de politiciens, de bureaucrates, de planificateurs, d'architectes, d'avocats, de courtiers en obligations, de banquiers, de lèches-bottes de bas étage, de promoteurs, de syndicats et de groupes d'entreprises avides de pouvoir et d'argent qui étaient véritablement les idiots utiles de ce plan. Je pouvais voir à quel point il était facile de détruire notre pays en utilisant l'attrait de l'argent et du pouvoir derrière l'apparence du bien. En construisant les infrastructures nécessaires à l'entreposage des êtres humains, les ingénieurs de l'Agenda 21 de l'ONU ont jeté les bases de l'avenir. Construisez-le et nous viendrons. Le développement intercalaire et la croissance intelligente, les codes fondés sur la forme et les codes intelligents, le train SMART et les compteurs intelligents, les villages de transport en commun, les communautés à une seule planète et les villes durables font tous partie du masque vert pour sauver la planète. Mais il ne s'agit pas seulement de la construction d'un paysage dur. Il s'agit de la construction d'une idéologie de régionalisation, de réglementation et de surveillance pour "le plus grand bien".

Lorsque le masque tombe, on découvre un contrôle totalitaire avec des restrictions sur la circulation, la parole, la propriété et la production.

Gardez votre carte "sortie de prison"

Vous pourriez en avoir besoin. Les prisons sont l'une des industries qui se développent le plus rapidement aux États-Unis. Elles constituent le nec plus ultra des partenariats public-privé. Selon les statistiques du recensement américain, environ un Américain sur 130 est en prison, et un sur 32 (environ sept millions) est sous surveillance correctionnelle. La Corrections Corporation of America, ainsi que d'autres sociétés pénitentiaires privées comme GEO (anciennement Wackenhut), est membre d'un puissant groupe de lobbying appelé American Legislative Exchange Council. Avec plus de 2 000 législateurs d'État et près de 250 entreprises et fondations privées membres, ce conseil à l'apparence anodine est un formidable courtier en pouvoir dans les capitales des États du pays. L'incarcération est un gros business. De quoi les prisons ont-elles besoin ? De prisonniers. Comment obtenir plus de prisonniers ? En créant plus de crimes d'action, et en faisant pression pour des peines plus longues. L'American Legislative Exchange Council a fait pression pour la loi des trois coups (emprisonnement à vie pour le troisième crime violent) qui a été adoptée dans onze États. Elle est mal appliquée aux délits non violents.

L'expulsion fait partie du gros business des prisons privées. Il est courant que les travailleurs sans papiers ou les étrangers en situation irrégulière passent jusqu'à six mois en prison avant d'être expulsés. Cela représente six mois de paiements gouvernementaux aux opérateurs de prisons privées. Pensez-y. Nous avons des frontières poreuses et un programme de capture et de libération avec un petit séjour dans un hôtel en béton entre les deux. Une aide sociale aux entreprises avec une formation sur le tas pour les futurs criminels. Les prisons surpeuplées créent une demande pour de nouvelles installations. De plus, les populations carcérales augmentent le nombre total de personnes recensées pour le redécoupage des circonscriptions et le calcul de la représentation législative. Plus il y a de prisonniers, plus le district est représenté, même si ces prisonniers ne peuvent pas voter.

L'équité sociale ? Ou le triple résultat public-privé ? Planète, personnes, profit.

Le masque smart

Compteurs intelligents. Train intelligent. Codes intelligents. Alimentation intelligente. Croissance intelligente. Carte intelligente. Réseau électrique intelligent. Maison intelligente. Cour intelligente. Assez intelligent pour voir à travers ? Rareté et contrôle des ressources.

Siphonner de l'argent à des organismes sans but lucratif ou à des ONG dont le conseil d'administration est composé d'élus. Ne faites jamais confiance à ce qui s'appelle SMART.

Ministère de la vérité

Si vous êtes comme moi, vous utilisez Wikipédia, ainsi que de nombreuses autres sources, et vous la trouvez utile pour répondre à de nombreuses questions factuelles. C'est "l'encyclopédie du peuple". Jusqu'à ce que vous décidiez de mettre à jour les rubriques Agenda 21, Communautarisme, Développement durable ou Développement communautaire basé sur les actifs. Alors vous vous retrouverez censuré et vous devrez frapper aux portes. J'ai eu du succès avec quelques-unes de ces listes, pendant un certain temps, mais les gardiens ont découvert mes ajouts et les ont censurés. Ils ont dit que j'étais un théoricien du complot et que si je continuais à poster, je ne pourrais plus faire de modifications ou poster sur Wikipédia à l'avenir.

Notre avenir spartiate : le néo-féodalisme

Je veux parler de la façon dont nous avons été pompés et jetés en tant que nation (l'UE en a également fait l'expérience) et mis en échec. Je ne vais pas m'étendre sur la manipulation de la

Réserve fédérale et des institutions bancaires par la création de monnaie fiduciaire. Le livre de G. Edward Griffin, *The Creature from Jekyll Island,* est une excellente ressource pour cela.

Nous vivons un effondrement technique dévastateur dans notre système économique. Des swaps de défaut de crédit ? Ne me faites pas commencer !

Lors d'une interview intéressante sur le programme Fresh Air de la National Public Radio, Gretchen Morgenson, chroniqueuse financière du NY Times, a parlé d'un livre qu'elle a écrit sur "l'apocalypse financière", comme elle l'appelle. Ce qui est particulièrement remarquable dans cette interview, c'est que, bien qu'elle ne mentionne pas l'Agenda 21 de l'ONU et qu'elle n'ait probablement aucune idée de son existence, elle évoque de nombreux éléments apparemment anormaux de l'effondrement et du renflouement. Elle dit que c'était presque comme si les régulateurs ne protégeaient pas délibérément les emprunteurs et permettaient aux banques et à la Federal National Mortgage Association (FNMA) de créer une situation où elles feraient faillite. En fait, les législateurs étaient achetés par la FNMA.

Il s'agit bien entendu d'un élément de la plate-forme de l'Agenda 21, qui vise à niveler la richesse des Américains au niveau de celle du monde en développement. Dans le monde derrière le masque vert, rendre l'accession à la propriété abordable pour tous aux États-Unis signifiait les mettre en faillite pour qu'ils perdent leur maison. En utilisant la tactique consistant à dire une chose mais à faire le contraire, le partenariat public/privé de la FNMA (Federal National Mortgage Association) a fait fortune en escroquant les petits emprunteurs, les investisseurs et les sponsors gouvernementaux. Oui, la FNMA est ce que l'on appelle une entreprise parrainée par l'État, ce qui signifie qu'elle bénéficie d'un traitement privilégié, de réserves obligatoires réduites, etc.

et de garanties financières de l'État en échange de la possibilité de rendre l'accession à la propriété plus abordable pour les Américains. En 1999, l'administration Clinton a demandé à la FNMA d'assouplir les conditions de crédit pour les emprunteurs à faibles revenus qui ne pouvaient pas obtenir de prêts conventionnels. Cela a ouvert la voie au marché des subprimes. Pour plus de détails, vous pouvez lire l'article du New York Times du 30 septembre 1999 intitulé *Fannie Mae Eases Credit to Aid Mortgage Lending*.

La FNMA était une société cotée en bourse qui a été mise sous tutelle (contrôle du gouvernement) en 2008, après une spéculation grossière sur les produits dérivés et l'achat de prêts hypothécaires à risque de Countrywide Financial.

Gretchen Morgenson a dit quelque chose de très important dans cette interview.

Elle a dit que c'était une situation dans laquelle on ne pouvait pas s'opposer à l'idée. Que personne n'était contre l'augmentation de l'accession à la propriété. C'était comme argumenter contre la tarte aux pommes. L'idée était bonne, a-t-elle dit, c'est l'exécution qui était désastreuse. C'est une signature de l'Agenda 21 de l'ONU. Comment pouvez-vous être contre l'air pur, les transports publics, le logement abordable et la protection de la beauté de l'environnement naturel ? L'idée est bonne mais l'exécution — PAR CONCEPTION — est désastreuse. C'est là le problème. L'idée est l'enrobage de bonbons, l'exécution EST le résultat souhaité. Comme Joseph Conrad l'a écrit dans *Le cœur des ténèbres* : L'horreur.

Vous devez savoir maintenant que toutes les crises que nous avons connues (marché boursier, effondrement de l'immobilier, flambée des prix de l'énergie) ont été conçues conformément à l'Agenda 21 des Nations unies. Gretchen Morgenson attribue la faute à la "cupidité", mais c'est bien plus que cela. La cupidité a été utilisée comme un levier pour attirer ces voleurs de haut niveau en position de permettre aux marchés de s'effondrer. Tant que les banques étaient assurées d'être renflouées, que les PDG individuels s'enrichissaient et que les régulateurs fermaient les yeux, l'Agenda 21 des Nations unies pouvait être mis en œuvre. Une autre façon de voir les choses est de dire que tout ce qui s'est passé était voulu par votre gouvernement. Les bulles gonflées qui ont été permises et créées par le manque de surveillance gouvernementale désignent votre gouvernement comme la source. Quelles en sont les conséquences ? Aucune. D'énormes renflouements, pas de prison, pas de biens personnels confisqués.

C'était le naufrage de notre pays, la dévaluation de notre terre, le crash de notre économie et la vulnérabilité systémique que nous reconnaissons comme l'antidote à "l'affluence insoutenable des Américains." Nous sommes maintenant mûrs pour la croissance intelligente (appartements empilés le long des couloirs de transport en commun), les transports publics (perte de mobilité individuelle en raison des coûts élevés), l'espionnage domestique (programmes de police orientés vers la communauté), le chômage profond (volonté de faire tout ce qu'il faut pour se nourrir) et la perte de nos libertés fondamentales.

Parce que dans le communautarisme, le "problème" est créé, la "solution" est le résultat que vous n'auriez jamais accepté sans l'urgence du problème. Donc le "problème" est : pas assez d'accession à la propriété pour les faibles revenus. La "solution" est de piéger un grand nombre de personnes qui ne remplissent pas les conditions requises pour obtenir un prêt et de les mettre en faillite. J'ai moi-même obtenu trois prêts immobiliers au cours de la période 2003-2005 et mon courtier en prêts hypothécaires a fait pression pour que je prenne des prêts à taux variable. Je lui ai demandé s'ils étaient accompagnés d'un manuel sur la faillite et j'ai pris le taux fixe.

Mais c'était parce que j'avais de l'expérience — même lui a maintenant perdu sa maison par saisie.

Le véritable résultat de cette dialectique ? La crise du logement (déplacement de la propriété privée) et l'effondrement du système financier. Sauf que le système financier ne s'est pas effondré, n'est-ce pas ? Non. Il a été renfloué et les petits acteurs ont été absorbés par leurs grands rivaux. Consolidation de la richesse et du pouvoir. Et vous le payez avec un taux de chômage à deux chiffres et une incertitude totale sur le marché à long terme. Les pauvres sont devenus indigents, la classe moyenne s'évapore, et les riches font la fête sur la lune. Vous vous demandez où est passé l'argent ? Jetez un coup d'œil à certains des fabuleux bâtiments qui ont été construits à Dubaï. Le célèbre gratte-ciel rotatif en est un bon exemple. J'ai entendu dire que George Bush y a un appartement. Sérieusement. La propriété privée sera réservée aux super-riches.

Aujourd'hui, nos villes ont des banlieues éloignées avec de nombreux bâtiments vides qui ne contribuent pas à l'assiette fiscale. Vous vous souvenez que l'un des objectifs de l'Agenda 21 de l'ONU est de "réduire l'étalement urbain" ? Voici quelque chose dont vous n'avez peut-être pas encore entendu parler : Un projet de programme fédéral d'un billion de dollars visant à permettre aux collectivités locales d'acheter aux banques des propriétés résidentielles, commerciales et industrielles vacantes et de les démolir. Pourquoi ?

Afin de créer davantage d'espaces verts dans les villes. Il s'agit de transformer les "redfields" (propriétés vacantes appartenant à des banques et situées dans le "rouge") en "greenfields" (parcs et espaces ouverts).

Dans ce monde imaginaire où de plus en plus d'argent fédéral est créé à partir de rien, les propriétés privées peu performantes seront converties en espaces ouverts publics. Votre ville, qui ne peut plus assurer l'arrosage et l'entretien des parcs existants, va acquérir des terrains appartenant à des banques. Dans cette sorte d'image parfaite de l'Agenda 21 de l'ONU, tous les habitants des immeubles Smart Growth du centre-ville ont besoin d'un endroit pour jouer. Il doit s'agir d'un lieu public car le gouvernement ne peut pas vous observer lorsque vous êtes dans votre jardin. Dans le cadre d'un autre "sauvetage" des banques et de la guerre de l'Agenda 21 de l'ONU contre la propriété privée, les bâtiments existants seront démolis et les terrains privés seront retirés du rôle de l'impôt foncier.

La démolition de bâtiments (une solution qui produit des gaz à effet de serre, du carbone et des décharges) et la construction de parcs permettront de "créer des emplois" dans ce scénario.

Répétons-le : UN TRILLION DE DOLLARS d'argent fédéral est proposé pour cette "approche basée sur la terre pour résoudre la crise économique de l'Amérique". Cette citation est tirée de l'article *From Vacant Properties to Green Space*, publié par l'Urban Land Institute en janvier/février 2010. L'article raconte que la City Parks Alliance, de Washington, DC, élabore une stratégie de financement fédéral pour ce projet.

On peut mettre ça ensemble ?

Pas à pas : L'Agenda 21 des Nations unies pose les jalons d'un développement à haute densité dans les villes.

Les agences de redéveloppement subventionnent le développement pour une croissance intelligente. Seuls certains constructeurs favorisés sont dans le train de l'argent.

L'administration Clinton a exhorté les banques à assouplir leurs critères de prêt et à laisser couler l'argent.

Les promoteurs ont construit de plus en plus de bâtiments commerciaux et résidentiels, saturant le marché.

L'effondrement économique a été conçu pour couvrir la migration des entreprises et de la production hors des États-Unis.

Le krach boursier a été conçu pour aspirer les richesses de la classe moyenne et déstabiliser leur retraite.

Le plan de sauvetage TARP a permis de rembourser les banques et de consolider leur pouvoir en leur permettant de racheter des banques plus petites.

L'effondrement de l'économie est un événement mis en scène et encourage l'agitation pour plus de programmes sociaux, ainsi que la diffamation de la propriété. Ceux qui possèdent une propriété privée sont "avides".

Au fur et à mesure que les gens perdent leur maison à cause des saisies et que leur emploi stable disparaît, ils seront plus disposés à vivre dans des appartements subventionnés par le gouvernement dans le centre des villes.

La cohésion des quartiers appartiendra au passé. Il y aura moins de personnes pour s'opposer à la perte des droits de propriété privée.

Les propositions visant à mettre fin à la déduction fiscale des intérêts hypothécaires fédéraux seront plus facilement acceptées, menaçant ainsi la propriété privée. La presse écrit obligeamment des articles sur les misères de l'accession à la propriété et vante les mérites de la vie en copropriété (sans entretien !) ou en appartement (on déménage quand on veut !) à côté des voies ferrées.

Au lieu d'une "équité sociale", nous assistons à un transfert de richesse de la classe moyenne vers les riches, les biens saisis étant achetés à prix cassés par ceux qui ont de l'argent.

Le chômage élevé et l'aide publique contribuent à l'endettement global de l'État et poursuivent la spirale de la réduction de notre niveau de vie.

La possession d'une voiture privée deviendra inabordable en raison des prix élevés de l'essence, des coûts de stationnement élevés dans les centres-villes et des taxes sur les véhicules-kilomètres parcourus, et les salaires pourront être réduits pour refléter les "économies".

Les conversions des zones rouges en zones vertes dans les banlieues permettent aux villes de démolir des bâtiments et de fermer les services dans ces zones. Les fonds de redéveloppement, c'est-à-dire l'argent de vos impôts fonciers, seront utilisés pour ces projets.

Les routes rurales ne seront pas asphaltées, ce qui réduira la valeur des propriétés rurales, les banques les saisiront et les autorités locales les achèteront pour quelques centimes d'euro. De moins en moins de terres seront disponibles pour l'agriculture, pour la production, pour la vie à petite échelle. Les terres appartenant au gouvernement seront gérées par ou données à des fiducies foncières à but non lucratif dans le cadre de partenariats public-privé.

Les terres seront fermées à l'usage du public. Les zones rurales sont fermées.

Zones suburbaines fermées. Fermeture des zones forestières. Routes rurales fermées. Routes forestières fermées. Zones de camping fermées. Fermeture des parcs d'État.

Restrictions sur les voyages. Identification personnelle requise à tout moment. Dossiers médicaux. Dossiers scolaires. Dossiers de communication.

Le courrier électronique, Facebook, la cartographie de positionnement global, la réalité virtuelle... tous servent à restreindre votre monde.

Une police orientée vers la communauté, des centres de fusion, des pouvoirs de surveillance domestique étendus pour le FBI, une redéfinition de la torture, une guerre continue pour la paix, une guerre éternelle contre le terrorisme, un renouvellement régulier du USA Patriot Act.

Choisir les gagnants et les perdants est le sport de sang officiel de l'agenda du 21e siècle.

La régionalisation du gouvernement va retirer les décisions de planification au gouvernement local et vous priver de tout contrôle, le peu que vous avez encore.

Les conseils ruraux, les conseils régionaux, les associations de quartier, les conseils de copropriété, les associations de résidents — tous parlent en votre nom sans que vous puissiez les arrêter. Ils veulent tous la même chose.

Contrôle, information totale et ingénierie sociale. Vous pensez que vous pourrez arrêter les compteurs intelligents lorsque vous vivrez dans un immeuble de 200 logements appartenant à votre promoteur local de logements à bas revenus (subventionnés par le gouvernement) ?

Il n'y a jamais eu autant d'informations sur vous indexées, classées et conservées que dans toute l'histoire du monde. Elles sont utilisées pour vous vendre, vous gérer, vous surveiller, vous contrôler et vous restreindre. Votre gouvernement, par l'intermédiaire de vos représentants élus, de conseils et de commissions non élus, d'associations et de groupes de voisinage locaux, met en balance vos droits individuels et les "droits de la communauté", et vous êtes perdant. L'ordre du jour est de vous maintenir dans le silence, la sédation, la passivité, la conformité, la consommation, l'épuisement, la distraction, la peur, l'ignorance et la confusion. Le nouvel ordre mondial globaliste.

Le néo-féodalisme de l'Agenda 21 des Nations unies/développement durable fait renaître le servage comme condition de l'avenir. Si vous le laissez faire.

Et maintenant ? Que faire ?

Tout d'abord, prenez une grande respiration et réalisez que vous n'êtes pas seul dans cette situation. Il y a des gens dans tout votre état, dans toute l'Amérique, dans le monde entier, qui sont avec vous.

Vous êtes arrivé jusqu'ici dans ce livre, merci. Vous vous sentez bouleversé et inquiet pour votre avenir et celui de votre pays.

Bien. De nombreux sujets font l'actualité, mais l'Agenda 21 de l'ONU, le communautarisme, le développement durable et la croissance intelligente ne sont pas très présents.

Vous en êtes donc choqué. Vous espérez peut-être même que ce n'est rien, que ça va se calmer, que vous n'aurez pas à faire quoi que ce soit. Mais c'est réel et votre voix est nécessaire.

Vous êtes peut-être à la recherche d'un leader. Regardez dans le miroir. C'est le vrai visage de la base. VOUS.

Pour commencer, la meilleure chose à faire est de lire davantage et d'ouvrir les yeux sur les rouages de votre ville. Vous avez entendu le slogan "Penser mondialement, agir localement" ? Oui, c'est le jargon de l'Agenda 21 de l'ONU. Eh bien, prenez cela à cœur, au cœur même de ce que vous voyez. Prenez votre journal local. Lisez-le. Nous sommes si nombreux à lire le *New York Times* ou le *San Francisco Chronicle*, mais pas notre journal local. C'est un torchon, disons-nous. Qui s'en soucie ? Vous devriez. J'ai dit plus haut que l'Agenda 21 de l'ONU, le communautarisme, le développement durable et la croissance intelligente n'apparaissent pas beaucoup dans le journal, mais ils le font, tous les jours. Vous les verrez si vous êtes attentifs et si vous lisez intelligemment. Des articles sur les projets de réaménagement, les boulevards cyclables, les sommets de quartier, les élections de quartier, les projets de revitalisation de quartier, les projets de stabilisation de quartier, la vision, les conseils locaux, les projets de croissance intelligente, les subventions pour les logements à faible revenu, les subventions pour le transport, les programmes de modernisation des bâtiments écologiques, la surveillance des puits, les compteurs d'électricité, d'eau et de gaz SMART et les personnes qui s'y opposent paraissent tous les jours. Communiquez avec ces personnes. Parlez-leur de l'Agenda 21 de l'ONU. Soyez un pont.

Étonnamment, la distribution de tracts est l'un des moyens les plus efficaces de toucher un grand nombre de personnes en peu de temps. Nous avons rédigé des tracts KICK ICLEI OUT pour vous. Vous pouvez les imprimer à partir de notre site web Démocrates contre l'Agenda 21 de l'ONU. Allez à la page ICLEI. Levez-vous tôt un matin de week-end et promenez-les dans différents quartiers pendant quelques semaines. Allez-y en semaine pendant que les gens sont au travail. Déposez-les sur les porches, ne les mettez pas dans les boîtes aux lettres (elles sont la propriété du gouvernement fédéral, apparemment). Ne laissez pas les gens vous piéger et vous entraîner dans une conversation, sinon vous perdrez votre samedi à discuter au lieu de diffuser l'information. Dites-leur d'aller sur le site web indiqué sur le flyer s'ils veulent plus d'informations. S'ils veulent aider, dites-leur de faire des copies du dépliant et de les faire circuler. Emportez les dépliants au magasin, au café, aux réunions, et distribuez-les. Cela ne coûte qu'environ 5 $ pour faire 100 copies en noir et blanc. Allez-y !

Nous avons également un dépliant sur le Nouvel Ordre Mondial que vous pouvez imprimer et distribuer si vous le souhaitez. Vous le trouverez sur le site web des Démocrates sous la rubrique Que puis-je faire ?

Qui dirige votre ville ? Soyez un chercheur avisé. Si vous lisez un article sur un groupe qui défend la croissance intelligente dans votre ville, par exemple, regardez qui fait partie du groupe. Recherchez sur Google les noms des personnes qui dirigent l'organisation. Suivez ces liens. Qui les finance ? Quelle influence ont-ils sur votre ville ? Essayez de mettre leur nom plus ICLEI, ou Nations Unies, ou Smart Growth dans votre moteur de recherche. Vous serez étonné de ce que vous trouverez. Puis exposez ces informations sur vos prospectus.

Entrez en contact avec d'autres personnes qui ont le sentiment que leurs droits de propriété sont limités ou supprimés par des réglementations excessives.

La plupart des personnes qui possèdent des biens immobiliers ne possèdent pas plus que leur propre maison, mais si vous possédez un terrain amélioré ou vacant, qu'il soit rural, urbain, suburbain, commercial, résidentiel ou industriel, vous avez été touché. Et vous le savez probablement. Tout comme d'autres personnes dans votre situation. Les partis politiques sont une diversion. N'en faites pas un problème.

Vous trouverez des alliés en regardant les réunions de la commission d'urbanisme sur votre chaîne câblée locale, ou en vous rendant vous-même aux réunions, en les écoutant pendant quelques semaines, en donnant votre carte à ceux qui sont dans une situation similaire, et en les rencontrant. Parlez-leur de l'Agenda 21 de l'ONU.

Vous pourriez avoir un choc, comme nous l'avons parfois fait, lorsque vous pensez rencontrer des alliés mais que vous vous trompez. Saisissez votre chance. Faites passer le mot. Demandez-nous des autocollants pour pare-chocs ou des cartes de visite portant l'adresse de notre site Web. Rendez-vous sur la page "Contactez-nous" de notre site Web.

Essayez de réunir un groupe. Oui, il faut un certain courage pour signaler les actions entreprises par vos voisins, par votre conseil municipal et par votre communauté lorsque vous vous sentez seul. Pour un exemple de petit groupe qui a fait une grande différence, allez sur Santa Rosa Neighborhood Coalition dot com.

J'ai été très impressionné par le mouvement du Tea Party. Je suis fréquemment invité dans tous les États-Unis pour parler de l'Agenda 21 des Nations unies à différents groupes. Ces groupes indépendants sont constitués de personnes qui veulent être informées. Ils arrivent à mes discours avec des blocs-notes, et prennent des notes. Ils sont actifs, vont aux réunions gouvernementales et posent les questions difficiles. Ce sont des citoyens américains honnêtes, non violents, respectueux des lois, inclusifs et travailleurs, qui s'alarment des changements mis en œuvre autour d'eux. Je n'ai que du respect pour ces personnes qui sacrifient leur temps, leur énergie et leur argent pour préserver les droits les plus fondamentaux dont nous jouissons dans ce pays. Ils accomplissent leur devoir civique, et j'apprécie cela.

C'est ce que nous voulons : une population informée qui s'exprimera et agira. Mieux nous serons informés, mieux nos élus se porteront.

Travaillez en réseau avec d'autres groupes. Même si vous n'êtes d'accord que sur une seule question, comme KICK ICLEI OUT ou Refuse Smart Meters, par exemple, rassemblez-vous avec d'autres petits groupes pour mener des actions. Soutenez-vous mutuellement dans vos actions. Présentez-vous à une réunion du comté ou du conseil municipal en solidarité avec vos voisins d'autres villes. Proposez de les aider dans leurs efforts de distribution de tracts. De nouveaux visages, de nouvelles idées et une nouvelle énergie sont utiles à tous. Pourquoi ne pas créer une coalition pour mettre ICLEI à la porte, composée de personnes de chaque ville membre d'ICLEI dans un rayon de 160 km ? Faites un blitz de toutes les villes pendant une période de deux ou trois semaines. Puissant !

Utilisez les médias sociaux. Créez une page Facebook, utilisez Twitter et dirigez les gens vers des sites web comme le nôtre où ils pourront trouver plus d'informations.

Annoncez les réunions, exposez les membres de Delphi et créez des liens vers des vidéos et des articles. Utilisez les médias électroniques à votre avantage. Clip Nabber ou Clip Grabber peuvent vous aider à prendre une vidéo de YouTube et à la télécharger sur un DVD pour la montrer lors de vos réunions.

Impliquez-vous localement. Assistez aux réunions de visualisation de votre quartier.

Rappelez-vous cependant qu'ils utilisent des tactiques comme la technique Delphi lors des réunions locales pour marginaliser la dissidence. Ces réunions sont souvent appelées charettes, ateliers, réunions de visualisation, réunions de parties prenantes et groupes de travail. Elles peuvent s'appeler "Votre plan 2020" ou "Vision de votre ville". Voici un moyen très efficace de déjouer leurs tactiques :

Anti-Delphi'ing une réunion. Une réunion Delphi peut être un tête-à-tête ou impliquer plusieurs personnes. L'objectif de la réunion est d'orienter le résultat tout en donnant l'impression que les participants ont un impact et que le résultat est leur idée. Si la réunion se déroule sans heurts, les participants ne se rendront pas compte qu'ils ont été forcés d'accepter le plan qui a été conçu avant la réunion. Votre objectif est de montrer que le plan n'est pas le plan du peuple, et de résister à la tentation de vous faire avoir. Pour y parvenir efficacement, vous devrez rester calme et faire en sorte que l'animateur vous traite grossièrement devant le groupe. C'est du théâtre politique. Le facilitateur compte sur la conformité et l'obéissance du groupe pour mener la réunion au résultat souhaité. Votre travail consiste à briser la cadence envoûtante de la réunion totalement orchestrée et à exposer les rouages derrière l'écran. À ce moment-là, l'animateur perdra le contrôle de la réunion et le charme sera rompu. À ce moment-là, l'ensemble du public devrait poser des questions et exiger des réponses de l'animateur. Il n'y aura pas de "consensus". Cela fonctionne, mais vous devez le faire correctement. Si vous faites passer le facilitateur pour une victime, le public pensera que vous l'abusez et vous perdrez.

Avant d'assister à la réunion, allez sur l'internet et lisez sur le sujet. Regardez qui sont les groupes qui le parrainent, et lisez leurs objectifs déclarés. Connaissez votre adversaire. Partagez ces informations avec votre groupe. Réunissez votre groupe et rendez-vous la veille de la réunion.

Plus votre groupe est important, plus vous aurez de chances de révéler le fonctionnement de la charade. Il est préférable d'être au moins quatre. Vous devez travailler en équipe, et n'oubliez pas qu'il s'agit de théâtre politique : vous jouez des rôles. Vous avez examiné les documents de la réunion et vous en comprenez l'objectif. Disons qu'elle est organisée par l'organisation métropolitaine régionale de transport/planification, un conseil de gouvernement et quelques organisations à but non lucratif. Vous avez regardé l'annonce de la réunion et il s'agit d'établir une croissance intelligente au centre de vos villes avec un système de transport régional les reliant. Il prévoit un énorme boom démographique et l'objectif est d'entasser autant de personnes que possible dans le centre-ville. Les nouveaux bâtiments borderont les rues nouvellement reconfigurées selon le modèle d'utilisation mixte de Smart Growth : construits au bord du trottoir, des commerces de détail au rez-de-chaussée avec des plafonds de douze pieds de haut, deux étages ou plus d'appartements ou de condos au-dessus. Un espace de stationnement ou moins pour les unités, et très peu d'espace commun.

Vous et votre groupe décidez que vous poserez des questions telles que : Combien ce projet va-t-il coûter ? D'où vient l'argent ? Qui a donné au conseil régional le pouvoir de prendre ces décisions ? Pourquoi ce projet n'est-il pas soumis au vote ? Les propriétaires sont-ils ici ? Pourquoi ne leur demandez-vous pas ce qu'ils veulent faire de leur propriété ? Avez-vous l'intention d'utiliser le pouvoir d'expropriation pour démolir les bâtiments existants ? Qu'adviendra-t-il des entreprises locales ? Il semble que ce soit une affaire réglée — pourquoi avoir organisé cette réunion si vous avez déjà planifié l'ensemble du projet ? Vous voyez qu'il s'agit de questions extrêmement contradictoires auxquelles l'animateur ne voudra pas répondre. Son objectif est de vous mettre dans l'embarras, de vous faire honte, de vous faire taire et d'enflammer la foule contre vous. Votre objectif est de renvoyer le facilitateur et de révéler à la foule qu'elle est manipulée. Ce n'est pas leur plan.

Retournez à votre groupe. Ces réunions Delphi se déroulent généralement soit dans un auditorium avec des sièges en rangées, soit à des tables. Afin de lutter efficacement contre le Delphi, vous devez :

Entrez dans la réunion séparément et quittez-la séparément.

Ne reconnaissez pas les autres personnes de votre groupe, ne vous parlez pas. Vous faites comme si vous ne vous connaissiez pas du tout.

Si vous pouvez éviter de vous connecter, faites-le. Vous voulez rester anonyme. Si vous devez vous connecter, donnez un faux nom et une fausse adresse électronique. La raison en est que si vous réussissez et que vous voulez participer à d'autres réunions anti-Delphi, vous ne voulez pas établir votre identité pour eux. Quelqu'un dans le groupe devrait utiliser une vraie adresse afin que vous puissiez recevoir des mises à jour de la part des organisateurs.

Ne mettez pas votre badge.

Ne vous identifiez pas comme faisant partie d'un groupe. Vous êtes là en tant que citoyen intéressé, comme toutes les autres personnes présentes.

Habillez-vous et soignez-vous avec soin. Vous êtes un membre rationnel, raisonnable et intelligent de votre ville.

S'il y a des caméras vidéo, essayez d'éviter d'être filmé.

Restez calme.

Entrez dans l'auditorium et asseyez-vous dans cette formation :

Si l'auditorium est équipé de sièges de style théâtre, vous serez assis en forme de losange ; selon la taille de la réunion, il se peut que vous ayez plus d'un losange. Une personne au centre, derrière elle, à quelques rangs, une personne à sa gauche vers l'allée, et une autre à sa droite vers l'allée. Puis continuez ce schéma en plaçant une seule personne au centre, quelques rangs derrière cette rangée. Si la réunion est importante et que vous avez suffisamment de personnes, répétez ce schéma.

Vous pouvez constater que vos collaborateurs couvrent une grande surface et ne se regroupent pas. Les observateurs ne verront pas vos liens les uns avec les autres et ne constateront pas un effort d'équipe. Vous donnez l'impression d'avoir une opposition dans toutes les parties de l'auditorium — sans lien entre vous et pourtant en vous soutenant les uns les autres. Rappelez-vous que vous êtes là en tant que membres totalement indépendants de votre ville et que vous n'entrerez pas en contact les uns avec les autres pendant la réunion, pendant les pauses ou après la réunion, sous le regard de toute autre personne présente à la réunion.

Si l'auditorium dispose de tables, vous vous assoirez à différentes tables jusqu'à ce qu'il y ait quelqu'un à chaque table, et ensuite, si vous avez plus de personnes que le nombre de tables, vous vous assoirez à la même table avec les vôtres mais vous ne reconnaîtrez pas que vous vous connaissez. Vous vous présenterez comme si vous étiez des étrangers.

Vous êtes agréable. Vous êtes amical. Vous êtes calme. Vous êtes raisonnable et préoccupé. Vous n'exprimez pas vos opinions à vos proches.

N'oubliez pas que bon nombre des personnes présentes dans le public ou à votre table sont soit payées pour être là (membres des organisations qui parrainent le plan ou employés du gouvernement), soit liées d'une manière ou d'une autre au plan.

Tout comme vous, ils sont là pour jouer un rôle. Ainsi, lorsque la réunion s'installe, observez les personnes qui vous entourent de manière amicale.

Présentez-vous avec votre faux nom et découvrez qui d'autre est à la table avec vous. Comment ont-ils su pour la réunion ? Oh, ils travaillent pour la ville ? Que font-ils ? Il peut s'agir d'un promoteur, d'un urbaniste, d'un architecte, d'un écologiste, d'un membre du conseil municipal, etc. Leur groupe parraine-t-il cet événement ? Où vivent-ils ? Dans quelle ville, dans une maison ou un appartement ? Vivent-ils en banlieue ? Se sont-ils rendus à la réunion en voiture ? Ces questions doivent être posées de manière amicale, décontractée, et en aucun cas agressive. Vous n'êtes qu'un voisin intéressé qui discute. Parlez le moins possible de vous ; vous êtes en train de recueillir des informations et d'identifier des complices.

Selon le degré de sophistication de cette réunion, vous "voterez" soit avec un appareil électronique, soit en levant la main. Gardez un œil sur les faux jetons. Votent-ils ? Dans peu de temps, vous les démasquerez comme n'étant pas "un membre du public". Souvent, ils commencent à une table, puis passent à une autre table plus tard et deviennent des animateurs de table. En les identifiant, vous pourrez les démasquer.

Le programme de la réunion est très serré et l'une des façons d'avoir un impact est de faire dérailler le programme. La plupart des animateurs n'ont pas l'habitude de gérer la dissidence et ils deviendront nerveux, furieux ou dédaigneux afin de respecter leur programme. Même un retard du genre : "Quelqu'un a vu mon sac à main ? Je pensais l'avoir posé ici" peut provoquer de l'anxiété chez l'animateur et vous faciliter la tâche.

Mais n'en faites pas trop.

Au début de la réunion, il vous sera demandé de "voter" sur une série de scénarios biaisés. Voici votre première occasion. Un membre de votre groupe lève la main et pose une question. Il peut s'agir de quelque chose comme "Je suis confus. Je pensais que cette réunion avait pour but de recueillir notre avis, mais il semble que vous l'ayez organisée de manière à ce que nous ne puissions voter que sur vos scénarios prédéterminés." Le facilitateur répondra soit qu'il ne prend pas de questions maintenant, soit qu'il donne une longue réponse décousue qui n'a aucun sens. La personne qui pose la question dit alors, d'une manière calme et amicale : "Mais je ne pense pas que vous ayez répondu à ma question. Je pensais que cette réunion avait pour but de recueillir notre avis, mais on dirait que vous ne nous permettez pas de discuter d'autres options". Le facilitateur essaiera d'ignorer la question. MAINTENANT, l'un des autres membres de votre groupe dit : "J'aimerais entendre la réponse à la question de ce monsieur". Et un autre membre dit : "Oui, j'aimerais aussi savoir". Cela va perturber la réunion, car le public souhaite maintenant aussi connaître la réponse et va commencer à intervenir. N'oubliez pas de vous soutenir mutuellement, mais faites-le avec décontraction, gentillesse et politesse. Vous voulez que l'animateur vous attaque, et non l'inverse. Allez-y doucement au début.

Le facilitateur sait ce qui se passe, mais le public ne le sait pas. L'objectif du facilitateur est de vous faire manipuler, de vous faire taire et de passer à autre chose.

Ainsi, la première réponse peut être donnée à nouveau ou on vous dira que le temps est compté et que les réponses aux questions seront données lorsque vous vous séparerez en groupes.

Permettez à la réunion de se poursuivre brièvement. Lorsque les logements empilés et emballés apparaissent à l'écran, quelqu'un d'autre demande : "Excusez-moi, mais je voudrais vraiment comprendre pourquoi vous dites que mon quartier est "Business As Usual", comme si c'était une mauvaise chose. Nous aimons vraiment notre cul-de-sac et notre maison à un étage". Même chose que ci-dessus.

Un autre membre, d'un autre côté de la salle, dit "J'aimerais entendre la réponse à cette question". Et d'autres prennent la parole. Nous sommes dans une zone rurale, nous ne voulons pas de logements comme ceux que vous montrez. Souvenez-vous de vos questions convenues, telles que :

Quel est le coût de ce projet ?

Comment est-il financé ?

Qui a engagé votre entreprise et combien êtes-vous payé ?

Qui est propriétaire des terrains concernés par votre plan ?

Les propriétaires sont là ?

Que va-t-il advenir des entreprises locales ?

Pourquoi essayez-vous de faire ça sans vote ?

Le maire et les conseillers municipaux soutiennent-ils ce plan ?

Pourquoi le conseil régional essaie-t-il de prendre le contrôle de cette zone ?

Cela ressemble à une réunion Delphi où vous avez déjà fixé le résultat avant que nous arrivions.

Faites-vous cela dans d'autres villes ?

Quel est le calendrier de ce projet ? (Cela inclut toujours l'adoption du projet, de sorte que votre question de suivi est la suivante : il semble que rien de ce que nous pouvons dire ici n'arrêtera ce projet. Est-ce exact ?) Posez ces questions et soutenez-vous les uns les autres. Mais ne vous comportez pas comme une foule déchaînée ! Restez civilisés. Baissez le ton de votre voix. Ne les laissez pas faire de vous les méchants et monter toute la salle contre vous.

Laissez les autres parler. S'il est évident que vous prenez le contrôle de la réunion, vous perdrez le soutien du reste de l'auditoire. N'oubliez pas que vous n'allez pas faire changer d'avis les animateurs. Vous faites cela pour réveiller vos concitoyens.

L'animateur essaiera de diviser la salle en groupes, surtout dans les réunions avec des tables individuelles. Résistez-y. Dites : "J'aimerais vraiment entendre les commentaires de chacun. Je pense que ce serait mieux si nous restions ensemble." Appuyez vos dires. Vous ne gagnerez probablement pas, mais les gens penseront au fait qu'ils ne peuvent pas entendre les autres commentaires.

À chacune des tables, chacun d'entre vous peut dire "Comment pouvons-nous savoir ce qui se passe aux autres tables ? Cela ne semble pas normal". Notez qui sont les animateurs des tables. Étiez-vous à côté de l'un d'eux tout à l'heure ? A-t-elle voté ? Dites "Excusez-moi, mais je ne comprends pas comment vous pouvez dire que c'est une réunion pour le public alors que vous avez des facilitateurs qui votent." Soutenez ça. Cela expose le mensonge. Il n'y a pas de "consensus".

Si les choses vont mal pour l'animatrice, elle demandera une pause, puis elle et les autres animateurs observeront qui parle à qui. Leurs collaborateurs viendront volontiers se joindre à votre conversation.

Ne parlez pas aux autres personnes de votre groupe pendant la pause. Les animateurs vous identifieront comme étant ensemble et ils ne vous interpelleront pas ou vous accuseront de vous liguer contre eux. Au contraire, pendant la pause, vous pouvez vous rendre dans leurs groupes et les écouter. Ils rappelleront rapidement la réunion à l'ordre.

Ils vous demanderont de classer des listes de questions environnementales telles que l'air pur, l'eau propre, les espaces ouverts, le jardinage. Qui ne veut pas d'air et d'eau propres ? Bien sûr, cela arrive en tête. Ensuite, ils justifient la suppression de l'utilisation des véhicules privés dans les centres-villes, la perception d'une taxe sur les véhicules-kilomètres parcourus ou des frais de stationnement élevés. Demandez-leur : "À quoi rattachez-vous ces choix évidents ? Allez-vous dire que si nous voulons un air pur, nous ne voulons pas de voitures privées ?" Un sourire charmant. Appuyez vos dires.

Si vous faites cela correctement, ils ne seront pas en mesure de terminer la réunion.

Des voix vont s'élever. Restez calme mais continuez à poser des questions. Quand la salle se retournera contre eux et les jettera dehors, vous aurez gagné. Maintenant, à la porte, juste à l'extérieur, distribuez vos flyers. Il peut s'agir de nos dépliants sur ICLEI ou AG21 ou des dépliants anti-Delphi intitulés Are You Being Delphi'd ? Vous les trouverez sur le site de la Santa Rosa Neighborhood Coalition sous la rubrique Delphi. C'est assez puissant lorsque les gens lisent qu'ils ont été victimes d'une technique de la société RAND visant à les orienter vers un résultat prédéterminé. Et ils reçoivent cette information grâce à votre groupe.

Mais ne pensez pas avoir totalement gagné — gardez les yeux et les oreilles ouverts pour la réunion de rattrapage qu'ils essaieront d'organiser à votre insu.

Soyez présent pour cela aussi. Et soutenez les autres groupes de votre région qui sont ciblés par ces animateurs pour la régionalisation et l'Agenda 21 de l'ONU. Partagez les informations dont vous disposez sur chacun des animateurs et leurs groupes, ainsi que sur le programme. Si vous avez pris des vidéos des réunions, montrez-les aux autres groupes de résistance. Ne vous attendez pas à ce que les animateurs refassent les mêmes erreurs. Ils apprendront et deviendront plus affûtés en vous faisant participer à Delphi. Vous devez élaborer une stratégie pour l'avenir.

Voici un article que j'ai écrit sur le blog des Démocrates en août 2010 à propos d'un grand succès anti-Delphi :

> Je viens de lire un article de journal en ligne qui m'a fait grimacer.

Imaginez la situation : une petite ville, une réunion des superviseurs, 90 personnes présentes, un consultant debout à l'avant, faisant son discours et livrant ce que les superviseurs lui ont payé une petite fortune pour trouver.

Croissance intelligente. Et devinez quoi ? Ces gens ne l'auront pas. Leurs commentaires m'ont surpris. Ils ont fait leurs devoirs et se sont renseignés sur l'Agenda 21 des Nations Unies et ils n'en veulent pas.

Extrait du journal Picayune Item, 19 mai 2010 :

> *Une audience publique sur ce qui est devenu un plan global controversé du comté, qualifié par certains de plan de "croissance intelligente", a rencontré une forte opposition négative lundi soir à l'auditorium de la Picayune High School. Environ 90 résidents se sont rassemblés pour entendre les représentants du comté parler du plan et environ 17 ont émis des commentaires négatifs sur le plan proposé.*

Les citoyens présents à la réunion ont fait de l'anti-Delphi avec les animateurs en nommant l'Agenda 21 des Nations Unies et en en parlant. Ils ont tous exprimé leurs objections à la croissance intelligente et constituaient un groupe très bien informé. Ils ont réussi à modifier le résultat avec environ vingt pour cent du nombre total de participants. Les superviseurs du comté ont réalisé qu'ils ne pouvaient pas faire passer le plan.

> *Le Superviseur Hudson Holliday : "S'ils avaient appelé cela 'Dumb Growth', nous n'aurions pas ce problème. Mais ces gens ont vraiment trouvé un moyen de faire de l'argent. C'est un accord rusé. Vous tous (CDM) obtiendrez environ 787 000 $ pour un plan qui est vraiment sans valeur. L'ancien conseil leur a donné 300 000 dollars pour faire une étude.*
>
> *Cette étude faisait environ trois quarts de pouce d'épaisseur. M. Carbo lui-même a dit qu'elle ne valait pas le papier sur lequel elle était écrite. Mais ils n'ont pas proposé de nous rendre notre argent. C'est une subvention, mais c'est l'argent de nos impôts. Ce conseil a voté pour leur donner 487 000 $ pour faire un plan. Je n'ai pas vu cette dernière version. Les Nations Unies ne nous enlèvent pas nos droits, nous le faisons ici même. En tant que superviseur, je ne veux pas avoir la responsabilité de vous dire ce que vous pouvez faire avec votre*

terre et je vous assure que je ne veux pas que ceux qui me suivent aient ce pouvoir et cette responsabilité... Ces audiences publiques étaient censées se tenir en amont et non en aval... Chaque étude que le gouvernement fait ou paie finit par accroître le contrôle du gouvernement. J'ai voté contre le paiement de ces types. CDM est une grande entreprise, et je pense que si votre entreprise, M. Carbo, a une quelconque intégrité, elle nous rendrait notre argent.

Une vision sur une rue de quartier semi-rurale — une photo qui se transforme. Qu'est-il arrivé à ces propriétaires ?

Allez aux réunions du conseil municipal et du conseil de surveillance du comté et habituez-vous à prendre la parole. C'est un peu effrayant au début, mais allez-y. L'année dernière, notre ville, Santa Rosa, en Californie, a cessé de diffuser à la télévision publique la partie des réunions du conseil municipal consacrée aux commentaires du public. Oui, l'écran s'est éteint juste au moment où les noms étaient appelés à s'exprimer, et une annonce est apparue à l'écran disant que la partie télévisée de la réunion publique était maintenant terminée. Nous avons protesté. Nous avons envoyé des lettres au maire et au conseil municipal, ainsi qu'au journal local. La réponse a été que la ville ne devait à personne un lieu pour exprimer ses opinions. Ils ont dit que si les gens voulaient entendre ce que d'autres citoyens avaient à dire, ils pouvaient venir et écouter en personne. Depuis que la ville a adopté les "procès-verbaux d'action" pour toutes ses réunions en 2005, vous ne pouvez plus lire les procès-verbaux et savoir ce qui a été dit. Seul votre nom était enregistré. J'ai consulté Internet pour voir si d'autres communautés avaient censuré leurs commentaires publics. J'ai été choquée. Ce n'est pas la seule ville qui restreint le droit de ses citoyens à s'exprimer et à être entendus. NON. Cela se passe partout aux États-Unis. Les conseils municipaux et les conseils de surveillance ne diffusent plus les commentaires publics sur leurs chaînes de télévision publiques. Est-ce une coïncidence ? NON. C'EST L'AGENDA 21 DE L'ONU. Allez-y et exigez que votre ville diffuse vos commentaires sur la télévision publique avec le reste de la réunion du conseil. Amenez tous ceux que vous pouvez à la réunion et parlez pendant vos trois minutes — gardez votre conseil et vos superviseurs là toute la nuit. À chaque réunion. Jusqu'à ce qu'ils rétablissent la partie de la réunion consacrée aux commentaires publics dans le programme télévisé.

Quelle est la principale différence entre les États-Unis et les régimes répressifs ? La tolérance de la dissidence. La liberté d'expression. Discours ouvert. Le débat public. Sans information, nous sommes censurés et dans l'obscurité.

Si votre ville ou votre comté a interdit la diffusion des commentaires publics, ne vous laissez pas arrêter. Je parie que la plupart des points de l'ordre du jour sont liés d'une manière ou d'une autre à l'Agenda 21 de l'ONU. Commentez ces points. Vous diffusez l'information à tous ceux qui regardent la télévision.

Nous commençons et terminons généralement nos commentaires en indiquant l'adresse de notre site web afin que les gens puissent obtenir plus d'informations.

C'est extrêmement stimulant de s'impliquer localement, et vous apprendrez à savoir qui est qui et comment tout cela est lié. C'est votre ville... Impliquez-vous. Mais ne les laissez pas vous rouler. Ou utiliser la flatterie pour vous retourner.

Ne vous laissez pas berner. Ayez du courage : vous vous adressez à l'ensemble de votre ville et de votre comté, pas seulement au conseil d'administration. Vous donnerez aux autres le courage et les informations dont ils ont besoin pour vous rejoindre.

Évitez le burn-out. Si vous êtes épuisé et que vous abandonnez, vous n'aiderez pas la résistance. Prenez donc soin de vous. Trouvez le temps de rire et de profiter de vos amis et de votre famille. Voici une stratégie que j'ai apprise lors d'un séminaire en ligne proposé par un groupe de défense de l'environnement. Elle s'appelle "Le pouvoir des 25". Voici comment cela fonctionne : Si vous avez 25 personnes dans un groupe, vous pouvez générer 200 contacts par an avec des législateurs, etc. Chaque personne s'engage à faire huit choses par an : assister à deux réunions, envoyer deux courriels, poster deux lettres et passer deux appels téléphoniques. Chacune de ces actions s'adresse à une agence ou à une personne différente, mais les 25 personnes de votre groupe se concentrent sur les mêmes personnes. Ainsi, ce législateur, par exemple, recevra quelques lettres, quelques appels téléphoniques, quelques courriels et une participation à une réunion de votre groupe à différents moments de l'année.

Vous pouvez vous réunir en tant que groupe et décider de l'orientation que vous souhaitez donner à votre action. Qu'il s'agisse de chasser ICLEI de votre ville ou d'informer les autres sur l'Agenda 21 de l'ONU, vous projetterez une présence importante avec 200 contacts et personne ne s'épuisera. Je n'ai pas encore essayé moi-même, je suis trop occupé !

Présentez-vous vous-même aux élections. Qu'il s'agisse d'une commission scolaire, d'une commission des eaux, d'un conseil municipal, d'un bureau national, d'une agence immobilière ou d'un syndicat, nous avons besoin de personnes mieux informées. Même si vous ne gagnez pas, et il est difficile d'y arriver sans argent, vous amènerez l'Agenda 21 de l'ONU dans le débat et au grand jour.

Et si vous faisiez un don ? Les opérateurs sont prêts à intervenir !

Mais sérieusement, si vous ne voulez pas être actif ou si vous ne pouvez pas l'être pour une raison quelconque, votre don, quel qu'en soit le montant, peut aider à maintenir l'énergie et l'activité de ceux d'entre nous qui voyagent, écrivent, impriment des tracts, fabriquent des autocollants pour pare-chocs, financent des sites Web et des courriels de sensibilisation et s'adressent à des groupes. Nous avons un bouton de don sur notre site web Democrats Against UN Agenda 21 (page Donate/Contact Us) et d'autres groupes en font autant. Votre don est très apprécié.

Organisez une soirée cinéma ! Il existe un grand nombre de films, de documentaires et de discours formidables que vous pouvez acheter sur Internet ou simplement projeter depuis votre ordinateur. Vous avez un petit bureau ou une boutique où vous pouvez projeter des films après le travail ? Invitez quelques personnes et regardez-les ensemble, puis discutez. Faites-en une activité régulière, une fois par semaine, et vous serez surpris de la rapidité avec laquelle elle se développe. Vous pourrez alors passer à une participation plus active.

Faites participer les jeunes à la discussion. Si vous avez des enfants ou des petits-enfants, faites-les participer à ces discussions et montrez-leur comment ils sont endoctrinés. Écoutez ce qu'ils vous disent sur les programmes scolaires et les médias sociaux. Faites-leur remarquer comment ils sont manipulés. Demandez-leur de vous montrer des exemples, faites-en un jeu.

Demandez à votre groupe de parrainer un prix de la "meilleure vidéo" pour une vidéo sur l'Agenda 21 de l'ONU. Offrez un prix de 250 $ pour la meilleure vidéo de cinq minutes sur les impacts locaux de l'Agenda 21 de l'ONU. Affichez vos avis dans les collèges et lycées locaux. Publiez ensuite le gagnant et les finalistes sur Youtube. Organisez un banquet de remise des prix. Publiez-le dans le journal. Présentez le film sous forme de court métrage lors de festivals de cinéma. Mettez-le sur votre chaîne de médias communautaire. Ça a l'air amusant !

Lorsque vous discutez de l'Agenda 21 de l'ONU avec des personnes qui défendent le mouvement pour la durabilité, réfléchissez à leurs arguments. Sont-ils logiques ? S'ils plaident pour un développement à haute densité dans le centre de votre ville, demandez-leur : Pourquoi soutenez-vous l'étalement vertical ? Demandez-leur : Savez-vous que les logements sociaux ne paient pas de taxe foncière ? Saviez-vous qu'ils ne contribuent pas au paiement des services municipaux ? Demandez-leur : Saviez-vous que les impôts fonciers sur les nouveaux développements dans une zone qui a été déclarée délabrée contribuent très peu aux écoles, aux hôpitaux, à la police et aux pompiers ? La majorité de leurs impôts fonciers est détournée vers l'Agence de redéveloppement pour rembourser les obligations de redéveloppement. S'ils abordent des sujets qui vous posent des questions, cherchez les réponses.

Utilisez-le comme une opportunité d'apprentissage.

Lisez les points de vue opposés. Je prends l'habitude de lire les sites Web des groupes environnementaux, des groupes de cyclistes et autant de sites de défense de la croissance intelligente que je peux supporter. Cela vous aide à clarifier vos idées et vous prépare au débat.

Profitez de toutes les opportunités médiatiques qui se présentent à vous.

Je ne refuse jamais une invitation à passer à la radio ou à la télévision. Je me contente de faire de mon mieux et de diffuser l'information. Je suis reconnaissante à Maggie Roddin (The Unsolicited Opinion), au Dr Stan Monteith (Radio Liberty), à Jeff Rense (Rense Radio), à Ernest Hancock (Freedom's Phoenix) et aux nombreux autres animateurs de talk-shows qui m'ont invitée dans leurs émissions. Glenn Beck a publié mon discours du East Bay Tea Party sur son site web, et je ne savais même pas qui il était à l'époque ! Je pense que plus de personnes ont maintenant vu cette vidéo que je n'en ai rencontrées dans ma vie. Lorsque je suis interviewé par la presse hostile, je mène l'entretien par téléphone et je le filme moi-même.

Utilisez votre groupe pour attirer l'attention des médias en faisant du théâtre politique. Publiez un communiqué de presse lorsque vous allez demander à votre conseil municipal de mettre ICLEI à la porte. Organisez une conférence de presse à l'hôtel de ville. Utilisez une grande botte en carton ! Nommez un membre bien informé comme agent de liaison avec la presse.

Voici un moyen pour que votre voix soit entendue dans tous les journaux et magazines du pays : Allez sur leurs sites en ligne et commentez les articles relatifs à l'Agenda 21 des Nations unies/au développement durable. La plupart des sites autorisent la publication anonyme, si vous le souhaitez.

Vous êtes abonné à un bulletin d'information ? Écrivez quelque chose pour elle. Allez-y ! Faites de votre mieux et ne vous inquiétez pas si vous ne parvenez pas à tout écrire.

Créez un blog. Faites-le, c'est facile ! Weebly est un formidable site de création de sites Web. Il est gratuit et vous pouvez facilement avoir un site Web et un blog en 5 minutes environ. Au fur et à mesure que vous en apprenez davantage, publiez-les. Créez des liens avec d'autres personnes. Obtenez du soutien en trouvant d'autres personnes qui, comme nous, se sont éveillées à l'Agenda 21 de l'ONU et au communautarisme.

Existe-t-il un centre médiatique communautaire dans votre ville ? Au collège ou au lycée, il y a peut-être une station de télévision câblée locale qui propose des cours pour apprendre à faire une émission de télévision locale. C'est amusant, on apprend beaucoup et on peut diffuser son émission. Essayez l'émission "l'homme de la rue". Demandez à tous ceux que vous rencontrez : "Saviez-vous que (votre ville) était membre de l'ICLEI ?" ou "Saviez-vous que le développement durable est un plan des Nations unies ?".

Retirez votre soutien financier. Si vous faites des contributions caritatives, ou si vous payez des cotisations professionnelles ou des frais d'abonnement à des groupes qui soutiennent l'Agenda 21 de l'ONU, cessez de payer, ou payez en protestant si vous le devez, et dites-leur pourquoi !

Il y a une élection qui arrive. Allez dans les forums. Demandez : "Quelle est votre position sur l'Agenda 21 de l'ONU ?" Tenez une pancarte. Découvrez si votre ville ou votre comté est membre d'ICLEI. Demandez : " Quelle est votre position sur ICLEI ? Allez-vous vous engager à chasser l'ICLEI de notre communauté ?

Ne cherchez pas de héros, n'attendez pas que quelqu'un le fasse pour vous. Tout le monde sur le pont ! Vous faites partie d'un vaste mouvement mondial et authentiquement populaire. Être vert, c'est utiliser des moyens efficaces pour économiser l'énergie et utiliser des moyens intelligents pour préserver notre vie sur terre. Il n'est pas nécessaire de perdre son droit à la liberté d'expression et de renoncer à vivre avec un véhicule personnel, une maison privée, des commodités modernes et de la bonne nourriture pour être conscient de l'environnement. Des groupes locaux nous ont dit qu'ils ne voulaient pas que les véhicules électriques aient du succès parce que cela empêcherait les gens de quitter leur voiture et de prendre leur vélo. Même si toute l'électricité provenait des énergies renouvelables, les gens qui ont des véhicules personnels sont "antisociaux" et les rues devraient être réservées aux vélos ou supprimées. Le travail que nous devons faire pour stopper l'Agenda 21 des Nations Unies/Développement durable doit venir de chacun d'entre nous. Si nous attendons les leaders, nous échouerons. Chacun peut faire sa part en faisant ce qu'il peut, et en s'unissant pour faire entendre sa voix. Nous sommes tous des héros !

Si vous vous êtes identifié comme progressiste, demandez ce que cela signifie. Demandez-vous ce que cela signifie. Réfléchissez-y. Il y a environ un an, j'ai décidé de faire quelques recherches sur les progressistes. Après tout, je me qualifiais de progressiste et je me suis rendu compte que je n'avais aucune idée de ce que je voulais dire. J'étais juste cool. Qui ne veut pas être progressiste ? Je savais qu'il y avait un groupe de démocrates progressistes au Congrès américain et je me suis renseigné. Ce que j'ai trouvé m'a stupéfié. Les Socialistes démocrates d'Amérique affirment que, puisqu'il n'y a aucune possibilité qu'un troisième parti remporte une élection aux États-Unis, ils travaillent par le biais de l'aile gauche du parti démocrate. Ils déclarent spécifiquement qu'ils travaillent par le biais du Progressive Democratic Caucus. Selon Wikipedia, le PDC, avec 83 membres, est le plus grand caucus au sein du Caucus démocrate du Congrès américain. Si vous vous rendez sur le site Web des Socialistes démocrates d'Amérique (www.dsausa.org) et que vous consultez la rubrique "Qu'est-ce que le socialisme démocratique ?", vous trouverez une fiche d'information de quatre pages qui contient cette déclaration :

N'êtes-vous pas un parti qui est en concurrence avec le parti démocrate pour les votes et le soutien ?

> *Non, nous ne sommes pas un parti distinct. Comme nos amis et alliés des mouvements féministes, syndicaux, de défense des droits civils, religieux et d'organisation communautaire, beaucoup d'entre nous ont été actifs au sein du parti démocrate.*
>
> *Nous travaillons avec ces mouvements pour renforcer l'aile gauche du parti, représentée par le Congressional Progressive Caucus. Le processus et la structure des élections américaines nuisent sérieusement aux efforts des tiers partis.*
>
> *Des élections où tout le monde gagne au lieu d'une représentation proportionnelle, des exigences rigoureuses en matière de qualification des partis qui varient d'un État à l'autre, un système présidentiel au lieu d'un système parlementaire, et le monopole des deux partis sur le pouvoir politique ont condamné les efforts des tiers partis. Nous espérons qu'à un moment donné dans le futur, en coalition avec nos alliés, un parti national alternatif sera viable. Pour l'instant, nous continuerons à soutenir les progressistes qui ont une réelle chance de gagner les élections, ce qui signifie généralement des démocrates de gauche.*

Vous trouverez également une déclaration indiquant qu'ils ont été les fondateurs du Congressional Progressive Caucus.

Alors, que veulent-ils ? La propriété étatique et coopérative de la propriété et des moyens de production. Bien qu'ils disent qu'ils ne soutiennent pas la centralisation du pouvoir, leurs propositions le démentent. Je vous suggère de jeter un coup d'œil au site Web, comme je l'ai fait, et de commencer à vous exprimer à ce sujet.

Il est tout à fait légal et acceptable d'être socialiste en Amérique, mais si vous vous présentez sur une plate-forme socialiste, vous devez vous identifier comme socialiste et non comme démocrate. Nous ne soutenons pas le détournement du parti démocrate.

Imaginez le résultat final du développement durable. Dans votre esprit, emménagez dans un appartement. Débarrassez-vous de votre voiture et prenez votre vélo. Prenez le temps d'y réfléchir. Arrêtez de manger des aliments qui n'ont pas été produits localement (dans un rayon de 25 miles). Limitez votre consommation d'eau à 10 gallons par jour. Payez une taxe carbone pour tous vos déplacements. Lavez vos vêtements et votre literie à la main et suspendez-les pour les faire sécher (essayez de le faire pendant un mois). Répondez à votre questionnaire sur le développement communautaire fondé sur les actifs. Effectuez vos heures de "travail bénévole obligatoire".

Signaler tout contrevenant au code des résidents de Smart Growth.

Vous vous identifiez comme un libéral ? Nous possédons la Constitution et la Déclaration des droits, aussi. C'est à nous. Nous sommes un grand pays avec beaucoup d'espace et beaucoup de ressources. Nous nettoyons notre pollution, nous réduisons notre consommation d'énergie, et nous sommes plus efficaces avec notre eau. Nous sommes une nation de droits. Pas des droits républicains ou démocrates. Des droits nationaux, civils.

Ayez un peu de compassion pour ceux qui ouvrent les yeux sur la vérité. Il est difficile et douloureux de voir que le masque vert est une illusion. Ceux d'entre nous qui ont voulu croire à la vision pastel ne voudront pas regarder la froide réalité de la manipulation des préoccupations environnementales par les multinationales. Soyez compatissants.

Célébrez vos victoires ! Les comtés et les villes à travers le pays mettent ICLEI à la porte et deviennent actifs. Joignez-vous à Carroll County, Maryland ; Spartanburg, Caroline du Sud ; Amador County, Californie ; Albemarle County, Virginie ; Montgomery County, Pennsylvanie ; Las Cruces, Nouveau-Mexique ; Carver, Massachusetts ; Edmond, Oklahoma ; Garland, Texas ; Georgetown, Texas ; Sarasota County, Floride ; et Plantation, Floride pour dire NON à ICLEI. S'ils peuvent le faire, vous le pouvez aussi ! N'oubliez pas de refaire votre plan général !

Ayez le courage de vous exprimer. Soyez un penseur indépendant. L'image que nous avons de nous-mêmes en tant que nation et notre réalité historique divergent parfois profondément, mais cette grande force unificatrice entre l'idéal et la réalité est la garantie de la liberté d'expression et de la propriété de nous-mêmes et de la propriété privée. Ce sont sans doute nos droits les plus vitaux et uniques, et ceux auxquels nous devons consacrer notre vigilance. Il est vital de défendre ces droits, ceux qui figurent dans notre Déclaration des droits. Il est difficile de se tenir à un idéal, et nous avons échoué à différents moments de notre histoire. Mais nous revenons toujours à la Déclaration des droits, et lorsque nous nous trompons, nous corrigeons. L'esclavage, le suffrage des femmes et d'autres questions importantes qui ont suivi les dix premiers amendements à la Constitution visaient à remédier aux erreurs ou aux omissions des documents originaux. Nous pouvons grandir et apprendre en tant que nation, et nous devrions toujours nous efforcer de ressembler davantage à notre idéal. Comme l'a dit Michel-Ange lorsqu'on lui a demandé comment il avait pu sculpter un statut aussi parfait dans le David, "J'ai simplement enlevé tout ce qui n'était pas le David, et voilà".

Nous avons une belle pierre de touche, un guide, une Constitution qui nous définit, qui ne permet pas la perte de droits ou la restriction des libertés. Nous avons vu les tactiques utilisées pour faire taire la vérité, et elles sont affreuses.

Calomnie, diffamation, erreur judiciaire... nous avons vécu avec cela pendant les 6 dernières années, parce que nous avons eu le courage de dire la vérité.

Cette information est trop puissante pour être ignorée et ne peut être réduite au silence.

La Résistance n'est pas quelque chose que vous rejoignez ; c'est ce que vous êtes. Vous faites partie d'un véritable mouvement populaire qui s'exprime sur l'Agenda 21 des Nations Unies, sur la cooptation du mouvement environnemental par les intérêts des entreprises et sur l'absorption de plus en plus rapide de notre gouvernement par les méga-corporations.

Tendons vers une union plus parfaite, plus conforme à notre idéal en tant que nation. Ne nous laissons pas entraîner à exiger ce que la corporatocratie est en train de nous donner. Parce qu'à mesure que nous nous appauvrirons, nous crierons pour plus de contrôle gouvernemental, plus d'aide gouvernementale, plus de restrictions sur les autres, et si nous ne sommes pas sages et courageux, nous assisterons à ce plan.

Restons unis. Nous résisterons aux efforts visant à nous diviser et rechercherons les éléments de notre expérience américaine qui nous unissent. Le mot est lâché, le masque tombe. Nous sommes en train de gagner. Nous avons brisé le silence et démoli le mythe selon lequel l'Agenda 21 de l'ONU est une théorie de la conspiration.

Nous savons que c'est un fait de conspiration. Refusez d'être terrorisé par votre gouvernement ou par quiconque. Nous pouvons travailler ensemble pour vaincre l'Agenda 21 de l'ONU/Développement durable par la sensibilisation et l'action.

Maintenant, sortons d'ici et mettons un terme à tout ça.

YES WE CAN !

REMERCIEMENTS

L a ville de Santa Rosa, le journal Santa Rosa Press Democrat, la Neighborhood Alliance, la Junior College Neighborhood Association, la City of Santa Rosa Redevelopment Agency, le City of Santa Rosa Advance Planning Department, le Community Development Department, le Leadership Institute of Ecology and the Economy, le député Michael Allen, le sénateur Pat Wiggins et ses collaborateurs, Sonoma County Conservation Action, Accountable Development Coalition, et tous ceux qui ont fait obstacle à la vérité : sans votre méchanceté, ce livre n'aurait pas été écrit.

> *C'est l'erreur seule qui a besoin du soutien du gouvernement. La vérité peut se suffire à elle-même.* — Thomas Jefferson, *Notes sur l'État de Virginie*, 1787.

Kay Tokerud, dont le courage, la perspicacité et la persévérance ont fait d'elle une partenaire idéale dans ce voyage.

M. X, dont l'aide et l'amitié ont rendu une grande partie de ce travail possible. Jenny Reed, Michael Koire, ADB et Dreamfarmers, Kevin Eggers, James Bennett, les membres du conseil d'administration de la SRNC, Maggie Roddin, Karen Klinger, Heather Gass, Steve Kemp, Erin Ryan, BJ Kling, Mark Shindler et Robert A. Macpherson. Barry N. Nathan, pour ses superbes illustrations.

Niki Raapana, dont les livres *2020 : Our Common Destiny* et *The Anti-Communitarian Manifesto* ont été d'une aide précieuse pour donner un sens à la source. Michael Shaw, dont le dévouement à fournir des informations est inégalé. Orlean

Koehle, dont le livre, *By Stealth and Deception*, est un recueil encyclopédique de données sur l'effondrement des États-Unis et de l'État de droit. Charlotte Iserbyt, dont le livre, *The Deliberate Dumbing Down of America*, est un exposé analytique des véritables objectifs et de la méthodologie du système éducatif. G. Edward Griffin, dont le livre, *The Creature from Jekyll Island*, est à lire absolument. Je ne suis peut-être pas d'accord avec tout ce qu'ils écrivent, mais ce sont d'excellentes ressources. Et George Orwell, qui savait et nous a avertis.

L'Agenda 21 de l'ONU est antiaméricain

***

Extrait du résumé de *Growing Smart Legislative Guidebook :
Lois types pour la planification et la gestion du changement,*
édition 2002

> *Il devrait être de la responsabilité de tous les secteurs de
> prévoir et de participer à la conception et à la mise en œuvre
> des programmes publics d'éducation et de formation.*
>
> *Bien que les questions et les circonstances politiques varient
> considérablement, il est essentiel de trouver un terrain
> d'entente entre un large éventail de parties prenantes et le
> public. La recherche d'un consensus fait partie de ce
> processus. Il est également nécessaire d'éduquer des publics
> ciblés sur la valeur et les avantages de la planification et de la
> croissance intelligente, et de démasquer les mythes utilisés par
> les opposants pour donner une image erronée de la croissance
> intelligente.*
>
> *Il est tout aussi important de s'opposer aux intérêts qui
> cherchent à faire passer une nouvelle législation élargissant
> les activités qui sont considérées comme des prélèvements
> réglementaires et qui, par conséquent, nécessitent une
> compensation en vertu du cinquième amendement de la
> Constitution des États-Unis.*

Traduction ? Votre gouvernement s'est engagé à vous
endoctriner pour que vous acceptiez l'ingénierie sociale dans
l'utilisation des terres, et il combattra toute personne qui dira la
vérité à ce sujet. Si vous tentez de faire passer une loi qui vous
permettra d'être payé pour les restrictions sur l'utilisation de
vos terres, le gouvernement vous combattra.

RIPOSTEZ. FAITES VALOIR VOS DROITS.

Déjà parus

FRANÇOIS BELLIOT

L'ANTICONSPIRATIONNISME
mis à nu à travers l'imposture

Rudy Reichstadt

ÉDITIONS
LE RETOUR AUX SOURCES

L'ANTICONSPIRATIONNISME
mis à nu à travers l'imposture
Rudy Reichstadt

FRANÇOIS BELLIOT

il avait dès le départ de solides amitiés
dans les milieux sionistes...

FRANÇOIS BELLIOT

LE MASSACRE DE
CHARLIE HEBDO
l'enquête impossible

ÉDITIONS
LE RETOUR AUX SOURCES

LE MASSACRE DE
CHARLIE HEBDO
l'enquête impossible

FRANÇOIS BELLIOT

Une version officielle pleine d'anomalies...

ÉDITIONS
LE RETOUR AUX SOURCES

L'extrême droite et
l'extrême gauche du
spectre politique
conventionnel sont
toutes deux absolument
collectivistes.

ANTONY SUTTON

WALL STREET
WALL STREET
WALL STREET

ÉDITIONS LE RETOUR AUX SOURCES

Manifeste pour briser les chaînes de l'usure

Gottfried Feder

Un livre prophétique pour alerter l'opinion sur le risque d'hyperinflation...

ÉDITIONS LE RETOUR AUX SOURCES

MICHEL DRAC

PENSER LE RÉEL POUR SORTIR DU SYSTÈME

ÉDITIONS LE RETOUR AUX SOURCES

CIA ORGANISATION CRIMINELLE
Comment l'agence corrompt l'Amérique et le monde

Une analyse du rôle secret, mais fondamental, de la CIA dans la quête de domination globale menée par les États-Unis...

ÉDITIONS
LE RETOUR AUX SOURCES

ZBIGNIEW BRZEZINSKI

VISION STRATÉGIQUE
L'AMÉRIQUE ET LA CRISE DU POUVOIR MONDIAL

Une expertise inégalée en matière de politique étrangère...

LE RETOUR AUX SOURCES

MARIA POUMIER

MARCHANDISER LA VIE HUMAINE

Dans chaque pays, une forte résistance s'exprime...

ÉDITIONS
LE RETOUR AUX SOURCES

Pour une

AGRICULTURE REBELLE

ou
comment
l'agriculture industrielle
nous asservit
et
comment y échapper

ÉDITIONS
LE RETOUR AUX SOURCES

Stratediplo

La huitième plaie
migrants 2015, l'avant-garde

Préface de Thibault de Montbrial

Les Français ont constaté un changement drastique de physionomie des rues

ÉDITIONS
LE RETOUR AUX SOURCES

Stratediplo

La neuvième frontière
Catalogne 2017
Préface de Miodrag Janković

L'opposition de la légalité interne espagnole à la légitimité démocratique...

ÉDITIONS
LE RETOUR AUX SOURCES
Stratediplo

Le douzième travail
Un refuge autarcique

Puisse cette description donner des idées à un chercheur d'autonomie...

ÉDITIONS
LE RETOUR AUX SOURCES

Stratediplo

Le onzième coup
de minuit de l'avant-guerre
Préface de Michel Drac

Un incident réel ou fictif servira à déclencher les opérations, les populations ne réagissant pas...

ÉDITIONS
LE RETOUR AUX SOURCES

Stratediplo

Le quatrième cavalier
l'ère du coronavirus

Préface de Piero San Giorgio

ÉDITIONS
LE RETOUR AUX SOURCES

Stratediplo

Le septième scénario
Sécession d'une minorité
Préface du colonel Hogard

"Si vous êtes Français, si vous aimez votre pays, il faut lire ce livre" Piero San Giorgio

ÉDITIONS
LE RETOUR AUX SOURCES

DOMINIQUE LORMIER

Albert Roche,
premier soldat de
FRANCE

L'incroyable histoire de l'engagé volontaire
qui captura à lui seul 1180 prisonniers !

ÉDITIONS
LE RETOUR AUX SOURCES

L'imposture du sauveur
AMÉRICAIN
1917-1918 / 1941-1945

Un ouvrage passionnant qui balaye de nombreux clichés
et rétablit des vérités historiques méconnues

ÉDITIONS
LE RETOUR AUX SOURCES

HISTOIRE DE L'ARMÉE FRANÇAISE

des origines à nos jours
L'armée française a souvent occupé
la première place en Occident

Certains de ses chefs militaires ont marqué le monde par leur génie tactique et stratégique

ÉDITIONS
LE RETOUR AUX SOURCES

LES GRANDES BATAILLES
de la
PREMIÈRE GUERRE MONDIALE

Une vision globale, tactique et stratégique des douze grandes batailles qui marquèrent un tournant dans l'histoire militaire

ÉDITIONS
LE RETOUR AUX SOURCES

**LES GRANDES BATAILLES
DE L'HISTOIRE DE FRANCE**
d'Hastings à la Libération
1066-1945

« La France fut faite
à coups d'épée »

Cette citation de Charles de Gaulle dit bien ce que
la France doit aux grandes batailles qu'elle a dû livrer pour construire ses frontières...

ÉDITIONS
LE RETOUR AUX SOURCES

LES VICTOIRES FRANÇAISES

de 1914 à nos jours

*L'auteur démontre clairement que
l'armée française a souvent joué un rôle prépondérant*